Marie-Louise Neubeiser
Die Logik des Genialen

Marie-Louise Neubeiser

Die Logik des Genialen

Mit Intuition, Kreativität und Intelligenz
Probleme lösen

Die Deutsche Bibliothek – CIP-Einheitsaufnahme

Neubeiser, Marie-Louise:
Die Logik des Genialen : mit Intuition, Kreativität und
Intelligenz Probleme lösen / Marie-Louise Neubeiser. –
Wiesbaden : Gabler, 1993
　ISBN 978-3-322-94408-5　　ISBN 978-3-322-94407-8 (eBook)
　DOI 10.1007/978-3-322-94407-8

Der Gabler Verlag ist ein Unternehmen der Verlagsgruppe Bertelsmann International.

© Betriebswirtschaftlicher Verlag Dr. Th. Gabler GmbH, Wiesbaden 1993
Softcover reprint of the hardcover 1st edition 1993
Lektorat: Ulrike M. Vetter

 Das Werk einschließlich aller seiner Teile ist urheberrechtlich geschützt. Jede Verwertung außerhalb der engen Grenzen des Urheberrechtsgesetzes ist ohne Zustimmung des Verlags unzulässig und strafbar. Das gilt insbesondere für Vervielfältigungen, Übersetzungen, Mikroverfilmungen und die Einspeicherung und Verarbeitung in elektronischen Systemen.

Höchste inhaltliche und technische Qualität unserer Produkte ist unser Ziel. Bei der Produktion und Verbreitung unserer Bücher wollen wir die Umwelt schonen: Dieses Buch ist auf säurefreiem und chlorfrei gebleichtem Papier gedruckt. Die Einschweißfolie besteht aus Polyäthylen und damit aus organischen Stoffen, die weder bei der Herstellung noch bei der Verbrennung Schadstoffe freisetzen.

Die Wiedergabe von Gebrauchsnamen, Handelsnamen, Warenbezeichnungen usw. in diesem Werk berechtigt auch ohne besondere Kennzeichnung nicht zu der Annahme, daß solche Namen im Sinne der Warenzeichen- und Markenschutz-Gesetzgebung als frei zu betrachten wären und daher von jedermann benutzt werden dürften.

Umschlaggestaltung: Schrimpf und Partner, Wiesbaden
Satz: Satzstudio RESchulz, Dreieich-Buchschlag

ISBN 978-3-322-94408-5

Inhalt

Einleitung 7

Teil A: Interviews 9

1. Helmut Maucher 12
2. Tito Tettamanti 16
3. Heinz Dürr 18
4. Ida Fleiß 20
5. Harald Szeemann 24
6. Zaha M. Hadid 30
7. Eleanor W. Traylor 33
8. Reinhold Messner 35

Teil B: Der geniale Mensch 41

1. Kreativität 41
   1.1 Kreativitätsforschung 41
   1.2 Der kreative Prozeß 43
   1.3 Momente der Kreativität 52
   1.4 Kreativitätstraining 63
2. Intuition 79
3. Vision 85
4. Genialität 94
   4.1 Die Naturwissenschaftler (Lichtenberg, von Neumann) 95
   4.2 Die Musiker (Bach, Mozart) 98
   4.3 Die Philosophen und Denker (Russell, Ortega y Gasset) 101
   4.4 Die Dichter und Schriftsteller (Barrett-Browning, Petrarca) .. 104
   4.5 Die Maler und Bildhauer (da Vinci, Picasso) 106
   4.6 Was uns ‚die Geschichte der Genialität' sagt 110

Teil C: Das Gesetz der inneren Logik 117

1. Intelligenz 117
   1.1 IQ und Leistungsniveau 117
   1.2 Die fluiden Intelligenzen 119

	– Die linguistische Intelligenz	120
	– Die musikalische Intelligenz	123
	– Die logisch-mathematische Intelligenz	127
	– Die räumliche Intelligenz	129
	– Die körperlich-kinästhetische Intelligenz	132
	– Die personalen Intelligenzen	134
2.	Hochbegabung	138
	2.1 Wunderkinder	140
	2.2 Hochbegabtenförderung/Training	148

Schlußbetrachtung 153

Literaturverzeichnis 155

Stichwortverzeichnis 159

Einleitung

„Es ist sonderbar, daß nur außerordentliche Menschen die Entdeckungen machen, die hernach so leicht und simpel scheinen. Dieses setzt voraus, daß die simpelsten, aber wahren Verhältnisse der Dinge zu bemerken, sehr tiefe Kenntnisse nötig sind."

Georg Christoph Lichtenberg

Dieses Zitat setzte bei mir dieses Buch in Gang. Ich weiß nicht, was es war, was mich bewegte – aber die Worte ließen mich nicht wieder los.

Ich mußte mehr darüber in Erfahrung bringen durch Interviews, Bücher, Aufsätze und Gespräche. Daher erscheint der Titel dieses Buches auch nicht auf den ersten Blick mit Management verwandt zu sein – allerdings auf den zweiten Blick um so mehr.

Da ist der Prozeß, der sich immer wieder und überall wiederholt:

Loslassen – eine neue Idee – kreatives Umsetzen – Intuition – Vision einerseits

und Intelligenz, Begabung und Training andererseits.

Warum ist das so? Weil Leben insgesamt Management ist. Da sind verschiedene Zielsetzungen, von uns selbst oder der Umwelt vorgegeben, und es gibt hierfür verschiedene Strategien zum Erreichen dieser Ziele, die da sein könnten:

- überleben
- geistiger Vorsprung vor anderen
- Selbstbestätigung
- Spaß haben
- Selbstentfaltung und vieles mehr.

Das untergeordnete Ziel ist hierbei immer größtmögliche Effizienz und Nähe zur Sache selbst. „Das Vordringen zum Kernpunkt", die Identifikation mit dem Problem und die „eleganteste Lösung" sollen auf dem kürzesten Weg erfolgen, intuitiv richtig Schritt vor Schritt setzend – gleichsam einer inneren Logik folgend.

Durch die Interviews, die zu Beginn dieses Buches wiedergegeben werden, sollen dem Leser vor allem „Berufs-Einsichten" vermittelt werden, was unter einem außerordentlichen (genialen) Management zu verstehen ist. Ich habe mich hier bewußt nicht nur auf die Wirtschaftsebene beschränkt, vielmehr auch Kultur und Philosophie mit hinzugenommen. Die Lösungsansätze sind hier wie da dieselben.

Das Kapitel *Kreativität* nimmt einen besonderen Platz im Management ein, da Kreativität alleiniger Ausgangspunkt genialer Ideen ist, die mit Intuition visionär umgesetzt werden müssen. Ganzheitliche Denkprozesse ergeben exzellente Lösungen, die dem Organisationsablauf adäquat sind und somit auch funktionieren.

Ein *historischer Abriß* genialer Künstler und Wissenschaftler zeigt die Wechselwirkungen von Begabungsstrukturen und Umwelt sehr deutlich auf, so daß wir die *inneren Logiken der einzelnen Intelligenzen* nachvollziehen können.

Verschiedene Fähigkeiten können hierzu gezielt trainiert werden – wie auch die *Hochbegabung* bei Kindern und Jugendlichen weiter gefördert werden muß.

Das Phänomen „*Genialität*" ist somit umschrieben und – wenn ich mich so ausdrücken darf – dingfest gemacht.

Mit diesem Management-Buch habe ich den Versuch unternommen, weniger Handlungsanweisungen in Richtung „Genialität" zu geben als vielmehr Denkanstöße in Richtung Fähigkeiten und Intelligenzen, die nachhaltig trainiert werden können. Hierbei bietet sich ein weitgespannter Bogen originärer Sichtweisen – für einige Minuten des Sichzurücklehnens und Nachdenkens.

Teil A

Interviews

In den folgenden Interviews habe ich im wesentlichen folgende sieben Fragen gestellt:

1. Ich denke, daß bei genialen Ideen mehr als Kreativität und Intuition mit im Spiel sind. Ich denke an eine gewisse „Logik des Genialen"! Was halten Sie davon?
2. Hängt dieses Phänomen nicht auch mit der Fähigkeit zusammen, komplizierte Vorgänge dahingehend zu vereinfachen, daß sie für jeden leicht nachvollziehbar werden und damit geniale Ideen auch umsetzbar werden?
3. Wie würden Sie einen genialen Manager definieren?
4. Könnten Sie die „Logik des Genialen" bejahen?
5. Wie hat dieses Phänomen in Ihrem beruflichen Leben gewirkt – welche Strategien können Sie hiervon ableiten –, im Rückblick auf Ihre berufliche Laufbahn?
6. Arbeiten Sie gerne mit einem „genialen Menschen" zusammen?
7. Ist eine gewisse „Genialität" erlernbar?

Interview 1

mit Helmut Maucher, Präsident der Nestlé AG, Vevey, Schweiz

1922 in Eisenharz im Allgäu geboren, studierte Betriebswirtschaft an der Universität Hamburg. Nach dem Abschluß zum Diplom-Kaufmann trat er in die *Nestlé Frankfurt* ein. Weiterbildung am International Management Development Institute (IMD) in Lausanne. In den Jahren von 1964 bis 1980 verschiedene Positionen bei Nestlé in Frankfurt. 1975 Generaldirektor der Nestlé-Gruppe Deutschland und ab 1. 10. 1980 Generaldirektor der Nestlé AG und Mitglied des Exekutivkomitees. Von 1981 bis 1990 Delegierter des Verwaltungsrates; seit 1. 6. 1990 Präsident und Delegierter des Verwaltungsrates der Nestlé AG, Vevey, Schweiz. Außerdem in mehreren Aufsichts- und Verwaltungsräten als Mitglied. Im Internationalen Beirat der Morgan Bank, New York, und bei der Allianz-Versicherung, München.

Halten Sie es für denkbar, daß es eine innere Logik des Genies gibt? Ich meine gewissermaßen eine innere Logik des genialen Managements, das die Umsetzung genialer Ideen ermöglicht?

Geniales an sich hängt sicherlich sehr stark von einer inneren Logik ab, neben Ratio, Fleiß, Denken, Bemühen und Durchhaltevermögen. Allerdings ist es wohl keine Frage, daß ein breites Spektrum bestimmter angeborener Fähigkeiten hinzukommen muß, um auch wirklich von einem genialen Menschen sprechen zu können.

Um geniale Ideen umsetzen zu können – im Management, welcher Strategien bedarf es aus Ihrer speziellen Berufserfahrung heraus?

Ganz bestimmt nicht, indem man einfach sagt: „Nun setz' einmal schön um!"

Der Hintergrund ist tägliche, harte Arbeit mit der Unterstützung sehr vieler Mitarbeiter. Und dies heißt wiederum: die Einführung verschiedenster personeller Maßnahmen.

Ein bestimmter Führungsstil ist vonnöten, der Akzeptanz und Motivation beinhaltet, um die kreierten Ideen auch umsetzen zu können. Je größer ein Unternehmen, desto mehr Engagement und Begeisterung muß vorhanden sein. Ein Unternehmensklima sozusagen, das offene Kommunikation und Informationsaustausch ermöglicht, so daß der einzelne sagen kann: „Das leuchtet mir ein, da ziehe ich mit!"

Wenn diese Voraussetzungen nicht gegeben sind, dann können Sie die tollsten Ideen haben, ohne deren Durchsetzung zu ermöglichen.

Wie motivieren Sie Ihre Mitarbeiter, was strahlen Sie persönlich aus? Welcher innere Prozeß läuft bei Ihnen selbst ab?

Das ist natürlich schwer zu beantworten. Um es zu vereinfachen, möchte ich sagen, daß ich nie in ein falsches Kleid schlüpfe. Meine Erfahrung ist die: Wenn ich das bin, was ich bin, und das auch bleibe, bin ich damit am glaubwürdigsten und werde akzeptiert.

Innerhalb unserer Firma habe ich bestimmte Führungseigenschaften definiert, die auch für mich richtungweisend sind. Hierher gehören vor allem die Bemühungen um ein innovatives Klima in unserer Unternehmenskultur. Und einen Satz habe ich ganz bewußt an den Schluß des Führungskatalogs gestellt: „glaubwürdig sein", das heißt: das, was man predigt, muß auch von einem selbst befolgt werden! Also die Einheit von Sagen und Handeln.

Ich halte dies für den allerwichtigsten Grundsatz, denn wenn dies nicht der Fall ist, dann wäre man ein Phantast – oder ein Betrüger!

Arbeiten Sie gerne mit einem Menschen zusammen, der geniale Ideen hat? Wie sieht eine solche Zusammenarbeit aus?

An sich arbeite ich gerne mit einem genialen Menschen zusammen, aber man muß zuerst sehen, was eine geniale Idee bedeutet. Es gibt ja viele Leute, die Ihre Ideen für absolut genial halten. An sich mögen diese vielleicht auch genial sein, aber nicht für mein spezielles Problem. Für meine Firma, für unsere Ziele sind sie wertlos oder nicht so genial. Mit anderen Worten: ich befasse mich sehr gerne mit neuen, genialen Ideen, wenn ich das Gefühl habe, daß unsere Firma davon profitieren kann, es ein sinnvoller Beitrag ist.

Wie sieht dann der Entscheidungsfindungsprozeß aus? Schnell?

Wir haben an sich sehr flache Hierarchien, bei uns wird sehr viel Zeit aufgewendet, um miteinander zu reden und sich auch zu verstehen. Wenn ein solches Klima gegeben ist, dann ist die Durchlässigkeit größer, und die Umsetzung von Ideen und Entscheidungen geht entsprechend schnell. Aber generell ist dies in jeder großen Firma ein Problem. Wir müssen uns täglich bemühen, diese inhärente Retardierung zu überwinden.

Jetzt noch eine persönliche Frage: Wie kommen Sie selbst zu Ihren Ideen? Haben Sie im Verlaufe Ihres Lebens eine entsprechende Strategie entwickelt, die Ihnen unter entsprechenden Bedingungen relativ schnell zu einer kreativen Idee verhilft?

Das ist sicher nicht ganz einfach zu beantworten, aber wahrscheinlich spielen drei Komponenten eine Rolle: Einmal ist es natürlich ein Erfahrungsschatz, den man sich im Verlauf der Zeit erworben hat und der einen schneller auf bestimmte Ideen bringt.

Dann kommt das ernsthafte Nachdenken darüber, was man besser machen kann.

Und drittens ein offenes Ohr zu haben für alles Neue auf dieser Welt: Trends, Ideen, Meinungen, Technologien, Wissenschaft. Und diese Dinge in seine eigenen Überlegungen einzubeziehen und in Ideen umzusetzen.

Ich habe einmal gesagt, daß für mich Intuition oder Kreativität eine kreative Verwertung von Information ist. Denn es gibt viele Leute, die sehr viel Informationen bekommen – wir leben ja in einer Informationsgesellschaft –, aber die Auswahl der Information, das Kombinieren von zwei oder drei oder fünfzehn Informationen, eben das kreative Verwerten von Informationen, das scheint mir ein wichtiger Punkt für die Ideenfindung zu sein. Und ich glaube, das können nur sehr wenige Menschen, weil man wirklich in der Informationsflut ertrinkt.

Denken Sie, daß man lernen kann, geniale Ideen zu entwickeln – gibt es ein sogenanntes Ideentraining?

Ich glaube, die Möglichkeiten hierbei sind begrenzt. Wie gesagt, wenn jemand ernsthaft etwas machen will, wird er automatisch mehr Ideen als andere haben, weil er sich für die Sache interessiert und einsetzt.

Ich glaube, man kann Kreativität weniger lernen, als daß man die Technik hierfür erlernt: Analogien aufspüren, Brainstormings durchführen, Informationen sinnvoll kombinieren und verwerten, Zeit aufwenden, um mit anderen zu sprechen, und sich ausgiebig um das Problem zu kümmern – anstatt andere Dinge zu denken oder anderes zu tun.

Aber der Rest, glaube ich, ist vor allem Veranlagung.

Wie ist Ihre Definition für „genial"?

Ich halte das für genial, was außergewöhnlich ist, was nur ganz wenige Menschen zustande bringen, sowohl an Leistungen als auch an Ideen. Für mich persönlich kommt hinzu, daß mir ‚geniale Dinge' um so besser gefallen, je sinnvoller sie für die Menschheit sind.

Interview 2

mit Dr. Tito Tettamanti, Präsident des Verwaltungsrats
Saurer Gruppe Holding, Monte Carlo

Tito Tettamanti studierte Jura, promovierte zum Dr. jur. und eröffnete nach der Prüfung zum Rechtsanwalt und Notar eine Rechtsanwaltskanzlei im Tessin. 1960 gründete er die Fidinam Treuhandgesellschaft in der Schweiz. Mitte der 60er Jahre wurde er als Berater und Investor auf dem Immobiliensektor tätig, insbesondere in Kanada. Anfang der 80er Jahre reduzierte er aus strategischen Gründen die Immobilientätigkeit und diversifizierte auf dem Finanzsektor. 1988 übernahm er die Aktiengesellschaft Adolph Saurer und gestaltete sie um in die Saurer Gruppe Holding, Aktiengesellschaft.

Ich denke, daß bei genialen Ideen mehr als Kreativität und Intuition mit im Spiel ist. Ich denke an eine gewisse „Logik des Genialen"! Was halten Sie davon?

Wenn wir bedenken, daß es bei den Mathematikern viele Genies gab, können wir nicht verneinen, daß bei der Genialität Logik besteht.

Wie heißt Ihre persönliche Logik?

Die Logik ist sehr schwierig zu beschreiben. Sie besteht in der Fähigkeit, Intuition und Kreativität in einen gewissen Rahmen zu setzen. Beide Begriffe bilden gewissermaßen das Zentrum des ‚Bildes'. Die Logik könnte dann die Umrahmung des Bildes sein!

Ich verstehe. Wie würden Sie dann aber ein Genie definieren? Und zwar aus Ihrer ganz persönlichen Erfahrung?

Ist es überhaupt möglich, das ‚Genie' zu erklären? Meines Erachtens nicht, und damit bin ich auch unfähig zu erklären, was bei einer genialen Idee (einer echten) im Spiel ist; sicherlich das Genie und – warum nicht – eine Logik des Genies!

Hängt dieses Phänomen nicht auch mit der Fähigkeit zusammen, komplizierte Vorgänge dahingehend zu vereinfachen, daß sie für jeden leicht nachvollziehbar werden und somit geniale Ideen auch umsetzbar werden?

Sicher, weil das wahre Genie mit Natürlichkeit und ohne Gezwungenheit zu gewissen Schlüssen kommt.

Wie würden Sie ein Genie definieren?

Leonardo da Vinci war ein Genie, desgleichen Einstein. Waren Mozart, Descartes, Kant, Tocqueville Genies? Van Gogh war ein Genie – in seiner Verrücktheit, im wahrsten Sinne des Wortes, weil ein Genie immer etwas verrückt sein muß, die Unbalanciertheit, die Möglichkeiten, über die Grenzen hinauszugehen, die die Menschen für sich selbst festgemacht haben, beinhaltet dieses ‚Verrückt-sein'. Vielleicht könnte man Genialität denjenigen zusprechen, die eine *echte neue* Idee gehabt haben!

Könnten Sie „die Logik des Genialen" bejahen?

Auf die oben erwähnten Figuren angewendet, sicher ja!

Wie hat dieses Phänomen in Ihrem beruflichen Leben gewirkt – welche Strategien können Sie hiervon ableiten – im Rückblick auf Ihre berufliche Laufbahn?

Ich hatte nie die Möglichkeit, ein Genie zu treffen, oder, wenn das der Fall war, habe ich es nicht bemerkt. Vielleicht verlangt die definitive Anerkennung einen gewissen, auch zeitlichen Abstand.

Ich bin sicher kein Genie, aber in der aberwitzigen Annahme, daß ich eines wäre, würde ich es gar nicht bemerken! Warum? Weil ich mit dem Maßstab des Genies urteilen würde!

Arbeiten Sie gerne mit einem ‚genialen Menschen' zusammen?

Ich glaube, daß mit einem „genialen", d. h. außerordentlichen Menschen zusammenzuarbeiten, sicherlich nicht leicht ist.

Ist eine gewisse ‚Genialität' erlernbar?

Sicher nicht!

Interview 3

mit Heinz Dürr, Vorstandsvorsitzender
der Deutschen Bundesbank, Frankfurt/Main

1933 in Stuttgart geboren, studierte nach dem Abitur und einer praktischen Ausbildung als Stahlbauschlosser von 1954 bis 1957 an der Technischen Universität Stuttgart. Von 1957 bis 1980 war er in der Firma Otto Dürr, Stuttgart, zuletzt als alleinzeichnungsberechtigter Geschäftsführer tätig. Heute ist Heinz Dürr Aufsichtsratsvorsitzender der Dürr Beteiligungs-AG, die sich mehrheitlich im Besitz der Familie Heinz Dürr befindet. Im Zeitraum von 1975 bis 1980 war Heinz Dürr Vorsitzender des Verbandes der Metallindustrie Baden-Württemberg e. V. und in dieser Eigenschaft Mitglied des Präsidiums von Gesamtmetall. Vom 1. Februar 1980 bis 31. Dezember 1990 war Heinz Dürr Vorsitzender des Vorstands der AEG Aktiengesellschaft, Berlin und Frankfurt am Main. Von Juli 1986 bis Ende 1990 war er außerdem Mitglied des Vorstands der Daimler-Benz AG. Seit 1. Januar 1991 ist Heinz Dürr Vorsitzender des Vorstands der Deutschen Bundesbahn und seit 1. September 1991 in Personalunion auch Vorsitzender des Vorstands der Deutschen Reichsbahn.

Ich denke, daß bei genialen Ideen mehr als Kreativität und Intuition mit im Spiel sind. Ich denke an eine gewisse ‚Logik des Genialen'. Was halten Sie davon?

Logik des Genialen klingt gut! Ich halte mich an Goethe: Genie ist Fleiß.

Hängt dieses Phänomen nicht auch mit der Fähigkeit zusammen, komplizierte Vorgänge dahingehend zu vereinfachen, daß sie für jeden leicht nachvollziehbar werden? Und damit geniale Ideen auch umsetzbar werden!

Wenn das Genie geniale Ideen umsetzen will, geht es in der Tat darum, komplizierte Vorgänge so darzulegen, daß diejenigen, die entweder an der Idee mitarbeiten sollen oder aber betroffen sind, sie verstehen.

Wie würden Sie einen „genialen Manager" definieren?

Da passe ich. Geniale Manager halte ich für gefährlich.

Könnten Sie den Kontext „die Logik des Genialen" bejahen?

Ich verweise auf die Frage bzw. Antwort eins!

Wie hat dieses Phänomen in Ihrem beruflichen Leben gewirkt – welche Strategien können Sie hiervon ableiten – im Rückblick auf Ihre berufliche Laufbahn?

Die Erfolge in meinem Leben beruhen auf dem Satz des Philosophen Odo Marquardt: „Merken ist wichtiger als ableiten". An Geniales habe ich kaum gedacht.

Arbeiten Sie gerne mit einem „genialen Menschen" zusammen?

Ja, vor allem, um Anregungen zu bekommen, die zu meinem Beruf passen. Sonst eher entspannend, erheiternd, aufmunternd.

Ist eine gewisse „Genialität" erlernbar?

So, wie wir Genialität definieren, kaum!

Interview 4

mit Dr. Ida Fleiß, Betriebspsychologin bei Lufthansa und Leitende Psychologin der Hochbegabten-Organisation MENSA, Köln

In einem kleinen Bergdorf geboren, der Kriegswirren wegen unregelmäßiger Schulbesuch, war Ida Fleiß gezwungen, sich Lesen und Schreiben (mit drei bis vier Jahren) selbst beizubringen. Studium der Psychologie. Für ihre Doktorarbeit hatte sie ein Stipendium der japanischen Regierung an der Universität Kyoto. Promotion zum Dr. phil. Heute bei der Deutschen Lufthansa AG im Personalwesen als Betriebspsychologin tätig.

Nebenberufliche Funktionen:

- Chefpsychologin der MENSA in Deutschland e. V.
- „International Gifted Child Programme Coordinator" der Mensa International; d. h. zuständig für alle Mensa-Aktivitäten weltweit als Clearingstelle, die die Förderung hochbegabter Kinder zum Inhalt haben.
- Director Region VI von Inertel (eine Vereinigung der Top-Ein-Prozent der Hochintelligenten weltweit, Sitz in USA). Hier als Betreuerin aller Mitglieder weltweit tätig.
- Pressesprecherin von DABEI e. V. und Redaktionsleiterin von DABEI-Aktuell (DABEI = Deutsche Aktionsgemeinschaft für Bildung, Erziehung, Innovation).

Ich denke, daß bei genialen Ideen mehr als Kreativität und Intuition mit im Spiel ist. Ich denke an eine gewisse „Logik des Genialen"!

Was halten Sie davon?

Ich stimme mit Ihnen überein, daß bei genialen Ideen mehr als nur Kreativität und Intuition im Spiel ist. Ich meine, daß zumindest auch Wissen, Erfahrung und die *Fähigkeit, beides richtig einzusetzen,* dazugehören. ‚Logik des Genialen' – ein faszinierender Gedanke!

Wenn man unter Logik – vereinfacht gesagt – die ‚Kunst des Denkens' (Gablers Wirtschaftslexikon) bzw. die ‚Lehre vom schlüssigen und folgerichtigen Denken, Argumentieren und Handeln' (Brockhaus) versteht, dann dürfte man sehr wohl eine ‚besondere' Logik des Genialen annehmen. Diese dürfte bei einem genialen Menschen besser, schneller, effizienter ‚funktionieren' als beim durchschnittlich begabten Menschen. Denn ein genialer Mensch zeichnet sich ja gerade dadurch aus, daß seine Leistungen den Bereich des Durchschnitts weit überragen (Beispiele: geniale Erfinder, Ärzte, Ingenieure, Künstler, Regisseure, Dirigenten, Staatsmänner). Andererseits bin ich mir gar nicht so sehr sicher, ob man „Logik" in verschiedenen Ausprägungen darstellen kann. Etwas ist entweder logisch oder eben nicht! „Ein bißchen logisch" oder „sehr logisch" – diese Denkweise kann es wohl nur im allgemeinen Sprachgebrauch geben, wobei man damit zum Ausdruck bringen will, daß einige Elemente logisch, andere wieder nicht logisch sind.

Zusammenfassend gesagt, finde ich es sehr interessant, daß Sie sich mit diesem Gedanken der „Logik des Genialen" beschäftigen. Vielleicht ist es das, was wir dem Genialen als „Logik" zuschreiben, noch etwas anderes, etwas Neues, etwas Eigenständiges, das aber bisher in der Forschung noch nicht beachtet wurde?

Hängt dieses Phänomen nicht auch mit der Fähigkeit zusammen, komplizierte Vorgänge dahingehend zu vereinfachen, daß sie für jeden leicht nachvollziehbar werden und somit geniale Ideen auch umsetzbar werden?

Das muß nicht immer der Fall sein. Oft sind gerade geniale Menschen nicht in der Lage, ihre Ideen anderen, weniger begabten Menschen zu vermitteln. Dem Genialen fehlt wohl meist die Vorstellung darüber, daß vieles, was für ihn selbstverständlich sein mag, einem Nicht-Genialen große Verständnisschwierigkeiten bereitet.

Es ist ja gerade das „Geniale" an Ideen, daß sie nicht von allen Menschen verstanden werden können. Täten sie dieses, dann wären sie bestimmt nicht genial! Wie viele Beispiele aus der Geschichte gibt es hierzu!

Da wird ein Wissenschaftler mit seinen genialen Theorien erst nach dem Tode ‚berühmt', oder eine geniale Erfindung benötigt Jahrzehnte, ehe sie verwertet und umgesetzt werden kann.

Dort, wo die Umsetzung genialer Ideen der Mitwirkung vieler, auch weniger begabter Menschen bedarf, sind noch weitere Fähigkeiten erforderlich, wie etwa Überzeugungskraft, die Fähigkeit, Leute für die Idee zu begeistern, sie zu motivieren, ökonomisches Geschick, um die richtigen Mittel und Strategien zu wählen.

Wie würden Sie einen „genialen Manager" definieren?

Bei einem ‚genialen Manager' besteht eine gute Balance zwischen ‚Kopf und Bauch'.

Damit meine ich: Er muß einerseits ein fundiertes Fachwissen haben, die Fähigkeit dazuzulernen, in großen Zusammenhängen zu denken und eine geistige Flexibilität besitzen, andererseits über eine hohe soziale Kompetenz verfügen, kreativ sein und sich engagieren können. Er muß aus sich selbst heraus motivieren können, Geduld haben, entscheidungsfähig sein und einen guten ‚Riecher' für Menschen (auch für geniale Ideen!) und richtige Zeitpunkte haben.

Hier stellt sich für mich auch die Frage, ob ein Mann oder eine Frau der ‚bessere' Manager sei! Ich weiß nicht, wie weit Sie die Geschlechterfrage in *Ihrem Buch* ansprechen.

Könnten Sie „die Logik des Genialen" bejahen?

Nur mit Einschränkungen: zum Beispiel daß „Logik" nicht steigerbar ist oder daß es darüber hinaus noch etwas gibt, das wir aber bisher noch nicht richtig erforscht haben.

Wie hat dieses Phänomen in Ihrem beruflichen Leben gewirkt – welche Strategien können Sie hiervon ableiten – im Rückblick auf Ihre berufliche Laufbahn?

Ich persönlich bin mit dem, was ich erreicht habe, sehr zufrieden. Allerdings war mein Berufswunsch ein anderer, den ich aber aus finanziellen Gründen nicht realisieren konnte. Insofern kann ich nicht sagen, ob ich eventuell unter anderen, günstigeren Voraussetzungen etwas anderes oder noch mehr erreicht hätte. Im Leben spielen oft auch ‚banale' Faktoren eine entscheidende Rolle (wie etwa die familiäre Situation, Gesundheit, Förderer). Trotzdem glaube ich aber, daß Geniale unter den gleichen Umständen weiter kommen als Nicht-Geniale, daß sie mehr aus ihrem Leben machen als die anderen.

Aus meiner Erfahrung im Umgang mit Genialen (zum Beispiel innerhalb der Organisation MENSA und Inertel, letztere die Vereinigung von Menschen mit einem IQ besser als bei 99 Prozent der Bevölkerung) kann ich sagen, daß das Verständnis von ‚Erfolg' und ‚Zufriedenheit im Beruf' bei Genialen von dem der weniger Begabten ziemlich verschieden sein kann. Materielle Güter und eine Karriere müssen nicht unbedingt das höchste Glück für den Genialen bedeuten!

Arbeiten Sie gerne mit einem ‚genialen Menschen' zusammen?

Ja! Aber es kommt auch auf das Gebiet seiner Genialität an und darauf, daß sich der Geniale sozial verträglich verhält.

Ist eine gewisse „Genialität" erlernbar?

Sie sagen ‚gewisse' – das kann ich durchaus bejahen. Aber fest steht auch, daß, wo nichts ist, auch nichts dazugelernt werden kann!

Interview 5

mit Harald Szeemann, Kurator am Kunsthaus Zürich

1933 in der Schweiz geboren. Studium der Kunstgeschichte, Archäologie und Journalismus in Bern und Paris. Während seines Studiums als Schauspieler, Theatermacher und Maler tätig. 1956 Eröffnung eines Ein-Mann-Theaters. Seit 1957 Veranstaltung von Ausstellungen. Von 1961 bis 1969 Direktor der Kunsthalle Bern. Seit 1969 freier Ausstellungsmacher und seit 1973 eine eigene Agentur für „Geistige Gastarbeit". Harald Szeemann, der bereits in seiner Funktion als Direktor der Kunsthalle in Bern Eigenwilligkeit, Witz, Sensibilität und Zivilcourage gezeigt hatte, wurde 1972 durch seine Konzeption und Installation der DOCUMENTA 5 in Kassel weltberühmt. 1980 war er Ko-Organisator der Biennale von Venedig und Initiant für die Aperto-Ausstellungen in Venedig, die jüngeren Künstlern eine Möglichkeit boten, sich der breiten Öffentlichkeit zu präsentieren. Seit 1981 arbeitet Szeemann als unabhängiger Kurator am Kunsthaus Zürich. Harald Szeemann gilt heute als der originellste Ausstellungsmacher der Welt. Seine Ausstellungen organisiert er nach dem Konzept „Von der Vision bis zum Nagel" und nach dem Prinzip der ahistorischen Intensität in der Kunst.

Denken Sie, daß es eine innere Logik des Genies gibt? Gewissermaßen eine innere Logik des genialen Managements, sprich Umsetzung genialer Ideen?

Aus meiner Erfahrung denke ich, daß es ungeheuer wichtig ist, aus und mit einer Idee zu leben, wenn man sich für eine solche entschieden hat. Sie sind fast mit einem Wünschelrutengänger zu vergleichen, wo die Rute entsprechend ausschlägt, wenn Sie an solch einen Punkt kommen.

Sie haben geistig ungeheuer viel an Informationen abgespeichert – aber im richtigen Moment selektieren Sie die richtige Information, um auf einem speziellen Gebiet entsprechend weiterzukommen. Sie sind sozusagen atmosphärisch darauf eingestimmt, vorkonditioniert!

Sie sprachen in Ihrem Vortrag (Zermatter Symposium, Dezember 1991) von „Umschichtung von Energien" – das war für mich das treffende Wort. Sie fühlen die Energien, schichten Sie in der Weise um, daß diese auch für andere Menschen sichtbar und nachvollziehbar werden.

Meines Erachtens denke ich hierbei an eine Vorgehensweise aus der Sicht der inneren Logik. Nicht Intuition oder/und Kreativität sind der treibende Motor, vielmehr eine innere Logik, die in Ihnen selbst – ich möchte sagen, vielleicht im Energiestrom als solchem selbst, liegt.

Was halten Sie hiervon?

Ich stimme mit Ihnen überein, wenn man davon ausgeht, daß immer dieselbe Energiemenge vorhanden ist und diese zu differenzieren eine ungeheuer wichtige Aufgabe ist. Die Energien sollten nicht an starre Bezeichnungen wie Besitz u. a. gebunden bleiben, vielmehr sollten fließende Energien solche Begriffe auflösen und in eine Alternative einmünden lassen.

Daß das nun immer für jeden leicht nachvollziehbar sein wird, glaube ich nicht, weil ja die meisten Menschen immer noch ihre überlieferten Besitzvorstellungen haben, gewissermaßen die statistisch feststellbaren Größen von Zeiteinteilung, Steuereinkommen zwischen Geburt und Tod. Somit halten sich auch die meisten an diese vorgegebenen Regeln – deshalb kracht ja auch nicht die Welt auseinander!

Entscheidend in erster Linie ist die Vernetzung der Dinge, und nicht das einzelne Bild – dies habe ich mit meiner Ausstellung ‚Monte Verità' überdeutlich gemacht. Und dies ist dann auch für jeden einzelnen nachvollziehbar geworden.

Denken Sie nicht, daß Sie als Künstler, das Unbewußte der Menschen ansprechend, und zwar aus Ihrem inneren Impuls heraus, sich oftmals besser verständlich machen können, als wenn Sie analytisch vorgegangen wären?

Ich glaube doch an eine gewisse Magie der Dinge, auch an eine gewisse Magie der Kommunikation – kurz gesagt an eine ‚Ausstrahlung'.

Es ist einfach: Es kommt etwas von Ihnen bei Ihrem Gegenüber an, weil Sie einfach das weitergeben, was und wie Sie es fühlen, in welcher Form auch immer.

Ja, ich fühle mich natürlich wirklich wie ein Mittler – aber nicht wie ein Mittler in gewöhnlichem Sinne. Natürlich haben Sie mit der Zeit Macht, nicht im Sinne von weltlicher Macht oder Besitzmacht. Denn diese Art von Macht, die ich meine, vermehrt sich ja nur, wenn Sie selbst etwas aufs Spiel setzen, dann kommt mehr dazu und Sie können wiederum neu einsetzen.

Im Grunde genommen ist es auch eine Transsubstanzierung von Begriffen, an die die Leute andere Assoziationen anknüpfen.

Sie gehen also faktisch permanent ein Risiko in der Sache und in der Person ein?

Ja, das kann man schon sagen.

Wie setzen Sie Ihre Ideen um? Zuerst haben Sie eine geniale Idee im Kopf – wie finden Sie dann die adäquate Umsetzung, die notwendige Akzeptanz, die ja für einen Künstler lebensnotwendig ist, und die daraus resultierende Strategie, wenn man hier überhaupt von einer Strategie sprechen kann?

Also, es gibt Leute, die nennen mich natürlich einen ‚wilden Denker' und assoziieren dann sogleich ‚den akribischen Visionär'. Und dieses Wort ‚akribisch' umreißt dann ein ganzes Feld, was ungeheuer wichtig ist.

Wissen Sie, die Idee, die kommt einem ganz plötzlich in den Sinn, und die Umsetzung ist äußerst komplex. Hier hilft mir der Begriff der ‚Obsession', daß ich mir selbst sage, es lohnt, einer nichtexistenten Idee eine Realität zu schaffen. Aber das ist dann knochenharte, monatelange Arbeit.

Ich gebe auch mein Privatleben hierfür auf, aber das Leben, das wir führen, ist so spannend in diesen Ausführungsphasen!

Sie zwingen sich faktisch selbst in diese Denkstrukturen mit wirklicher Knochenarbeit?

Ja, das ist dann knallharte Knochenarbeit!

Ich weiß, ich schreibe Bücher. Ich möchte mich keineswegs mit Ihnen vergleichen, aber auch hier ist der kreative Prozeß wirklich hart, um die ursprüngliche Idee an der Realität anzubinden, um verstanden zu werden. Denn man will ja verstanden werden! Und das ist die eigentliche akribische Arbeit!

Und Sie können sich jetzt auch denken, da ich ja auch Ausstellungen mache, daß bei solchen Prozessen wie ‚Monte Verità' ein permanentes Sich-selbst-Fragen einhergeht. Das glauben einem nur wenige Menschen.

Sich selbst fragen heißt: ‚Ist das alles, was ich jetzt einsetze, genügt es?'

Gut, es gibt dann auch glückliche Momente, wo ich gefragt werde, ob ich für jemanden eine Sammlung zusammenstellen könnte. In dieser Zeit brauche ich dann keine Vorträge zu halten, Bücher zu schreiben und Artikel zu verfassen – oder sonstwelche Aufträge anzunehmen.

Dies läßt mir die Zeit, mich drei Jahre einem Projekt vollständig widmen zu können. Allerdings bleibt die Frage natürlich, ob mir die vollständige Vision einer so komplexen Geschichte denn auch gelingen wird.

Sicherlich würden Sie die Projekte nicht machen, wenn Sie nicht von sich überzeugt wären!

Sie fühlen, daß Sie es machen müssen, und Sie machen es dann auch, selbst gegen jeden Widerstand. Das zeigt ja auch Ihr Leben – und Sie sind damit erfolgreich. Sie werden zwar ein Chaot genannt, aber im Grunde genommen sind Sie gar kein Chaot, vielmehr, für meinen Begriff, jemand, der seinem inneren Drang folgt und sagt: ‚Der Weg ist das Ziel – ich begebe mich auf die Reise, ob ich will oder nicht'.

Das stimmt. Aber darüber hinaus gibt es noch die atmosphärische Einstimmung: Sie spüren gewissermaßen intuitiv, daß diese Idee sich lohnt. Gleichzeitig kommen jedoch Zweifel auf, ob die pragmatische Umsetzung gelingt und etwas anderes – ob man standhalten kann!

Man muß die ganze Geschichte des Scheiterns so einbeziehen, daß sie auch dazugehört und vermittelt wird. Aber eigentlich ist die Idee so groß, daß es sich lohnt, dieses Mehr an Zweifeln auf sich zu nehmen – auch finanziell, denn ich bin ja keineswegs abgesichert. Seit zehn Jahren bin ich freier Mitarbeiter am Kunsthaus Zürich – aber alles andere muß ich gewissermaßen frei verdienen. Ich habe auch keine Rente!

Das sagt ja eigentlich alles über die Dringlichkeit Ihrer Vision aus. Denn sonst würden Sie ja all das nicht auf sich nehmen. Berühmtheit gut – aber von Berühmtheit kann man ja nicht leben. Aber Sie leben eigentlich doch für Ihre Idee und Ihre Vision!

Noch eine weitere Frage: Arbeiten Sie gerne mit genialen Menschen zusammen, wenn Sie solche treffen?

Ja, wenn ich solche treffe. Eigentlich ist die ganze Struktur schon so angelegt, daß ich meistens fürs Ganze hafte. Und in diesem Moment ist es natürlich einfacher, im Rahmen der Arbeit jemanden zu fördern, der gerade einsteigen will, im Gegensatz dazu, wenn Sie auf gleicher Ebene arbeiten.

Während meiner früheren Tätigkeit bei der Kunsthalle hatte ich permanent mit genialen Museumsleuten zu tun – auch im Wettstreit. Man maß sich am anderen! Und es gab auch sozusagen eine Top-Ebene, mit der man zusammenarbeitete (zum Beispiel das Unesco-Heft über Museen!)

Ja, ich arbeite gerne mit genialen Menschen zusammen! Ich denke hierbei speziell an die DOCUMENTA. Ich glaube, es gibt niemanden, der mit so vielen Genialen zusammengearbeitet hat.

Würden Sie sagen, daß Sie sich gegenseitig in Ihren Ideen stimulieren, sozusagen ein synergetisches Team bilden? Oder gibt es mehr Konkurrenzdenken und/oder Synergieeffekte?

Es ist einfach das Zusammengehen. Bei Ausstellungen, die stumm sind – und das ist das Schöne! – und doch sprechen, findet man sich auf einer Ebene. Das sind dann Synergieeffekte.

Prinzipiell habe ich kein Konkurrenzdenken. Ich finde es Zeitverlust, denn es ist nur noch Strategie.

Ich gehe einfach geradeaus und mache meine Arbeit. So habe ich auch den Klassenkampf für mich entschieden. Es gibt nur zwei Klassen für mich: die, die gesehen haben, was ich mache, und die, die es nicht gesehen haben!

Noch eine letzte Frage: Denken Sie, daß man eine gewisse Genialität erlernen kann?

Ich glaube, das kann man nicht lernen. Verstehen Sie, alles was angelernt ist, was nicht wächst und gewachsen ist, riecht immer nach ‚angelernt'. Und wenn es angelernt ist, dann fehlt eine Dimension.

Während des Zermatter Symposiums haben wir über den Begriff des Kreativen diskutiert – Sie nennen das jetzt das Geniale. Bei meiner Ausstellung ‚Monte Verità' bin ich auf die Genieebene gegangen, wo dann der Anspruch noch größer ist und auch schicksalhaft gelebt werden muß, egal ob man scheitert oder nicht. Angelernt kann dies nicht werden!

Sie stehen hier im Gegensatz zu den US-Amerikanern, die keinem das Potential hierfür und die Fähigkeiten, es zu nutzen, absprechen.

Ich kenne diese Meinung, die ich nicht vertrete. Die Sichtweise ist zu einfach auf eine speziell gewählte Funktion ausgerichtet. Wenn Sie aber vom humanistischen, allumfassenden Wissen ausgehen und dieses auch vertiefen wollen, dann dürfen Sie nicht Prioritäten in dieser Richtung setzen.

Es handelt sich im ersteren Falle um die sogenannten ‚brilliant guys'. Ob das dann auch Genies sind, ist eine andere Frage.

Sie würden sagen, es bedarf einfach einer gewissen Eigenentwicklung, einer Eigendynamik, die einen unaufhaltsam zu dem kreativen, genialen Punkt vorantreibt?

Ja, so ist es. Wissen Sie, der Mensch ist ja Gott sei Dank nie ganz auslotbar – das sind dann auch die Ressourcen!

Interview 6

mit Zaha M. Hadid, Irak, Architektin

1950 in Bagdad (Irak) geboren. An der Amerikanischen Universität in Beirut erwarb sie den Bachelor of Sciences in Mathematik, anschließend Studium der Architektur an der Architectural Association School of Architecture in London. 1977 gewann sie den Diplompreis ihrer Schule und unterrichtete dann zehn Jahre Architektur. 1986 Gastprofessorin in Harvard und 1987 Gastprofessorin an der Columbia Universität in New York, USA. Dank vieler kühner und perfekter Designgestaltungen gewann sie viele Preise bei Architekturwettbewerben, unter anderem den ersten Preis für das ‚The Peak'-Projekt in Hongkong, das sie weltberühmt machte. Zur Zeit arbeitet sie an einem Bauprojekt für die Vitra Stuhlfabrik in Weil am Rhein.

Denken Sie, daß es eine innere Logik neben Kreativität und Intuition gibt? Eine Logik, die es ermöglicht, all die Dinge zu tun, von denen Sie in Ihrem Vortrag gesprochen haben: über die Grenzen hinausgehen – alle Gesetze brechen. Können Sie mir dieses Phänomen erklären?

Es gibt eine innere Logik. Meine Erklärungen liefen darauf hinaus, daß, je mehr eine Architektur von der kreativen Idee her lebt, desto mehr liegt in dem Zusammenfließen der äußeren Faktoren eine innere Logik. Allein diese Tatsache interessiert mich bei meiner Arbeit – alles andere nicht! Entscheidend ist, daß es *für mich* logisch ist – nicht für andere!

Eben diesen Punkt meine ich. Erzählen Sie mir ein wenig mehr davon.

Gerade diese spezielle Idee des Logischen braucht seine Zeit, damit es andere Leute verstehen und nachvollziehen können. Aber schlußendlich ist es sehr, sehr logisch.

Kannten Sie diesen Anspruch an sich selbst schon immer? Blieb hierbei diese Logik, von der Sie sprechen, immer dieselbe, oder änderte sie sich auch schon einmal?

Es ist eine fortdauernde, existente Logik. Die Projekte ändern sich – aber nicht die innere Logik hierfür!

Können Sie sich vorstellen, daß diese innere Logik trainierbar ist? Denn ich bin sicher, daß es immer auch Phasen gibt, wo diese nicht so stark spürbar ist.

Nein, ich bin deren ganz sicher, denn als ich im vierten Schulabschnitt war, erkannte ich das, was mich selbst motivierte und verstand auf einmal die Gesetze hierfür. Ich befand mich damals in einer Phase zwischen Schule und Berufsplanung. Es war für mich eine unglaubliche Erfahrung. Aufgrund von mentalem Training kann man sehr rasch wieder den Zugang zu seinem Inneren finden, und damit zur inneren Logik.

Und Sie konnten diesen inneren Status Ihr ganzes Leben bis jetzt aufrechterhalten?

Ich denke, daß es manchmal schwankt und sich ändert – aber ich bin mir dessen immer bewußt. Seit einem bestimmten Zeitabschnitt sogar in sehr großem Maße – ich kenne mich seither sehr genau.

Wie alt waren Sie zu diesem Zeitpunkt?

Ich spreche in diesem Zusammenhang speziell über Architektur: Ich war schon immer gut im Beobachten von Leuten und Situationen, aber ich war damals 23 oder 24 Jahre alt, als ich auf einmal merkte, was es mit den inneren Verbindungen und Strukturen von Architektur für eine Bewandtnis hat. Und dies ist auch der Ausgangspunkt meines Trainings.

Glauben Sie, daß Sie deswegen so ‚outstanding' in Ihrer Architektur sind? Da ist der gewisse Punkt in Ihnen selbst und Sie kreieren ihn nach außen in Ihren Werken!

Ja, es war für mich ein ungeheuer wichtiger Moment des Erkennens, denn bei der Lösung bestimmter Probleme kommt bei gewissen Leuten mehr Konfusion als Konstruktives heraus. In diesen Momenten sind Sie so konzentriert, daß Sie komplett im Fokus der Dinge selbst sind.

Ich glaube, daß es sehr wichtig ist, die Dinge einfach zu lösen – wie es auch in Ihrem Vortrag deutlich wurde.

Noch eine weitere Frage: Glauben Sie, daß diese Erfahrung antrainierbar ist – daß man sich diesen Punkt zu eigen machen kann?

Sie können den Leuten helfen, aber Sie können sie nicht denken lehren. Sie können sie hierzu nur anleiten!

Und wie ist es mit der Kreativität? Ist diese erlernbar?

Sie können diesen Moment verstärken, indem Sie Möglichkeiten und Ereignisse schaffen, die das Bewußtsein und das Gespür für Kreatives an die Oberfläche bringen.

Mit Studenten mache ich Versuche, daß sie ihre Visionen finden und verstärken – aber Denken kann ich sie nicht lehren!

Vielleicht haben Sie auch eine Vorbildrolle für andere, so daß diese sehen können, wie so etwas möglich werden kann.

Die, mit denen ich zusammenarbeite, kennen mich und wissen das. Aber trotzdem ist es nicht immer einsichtig für andere. Denn ich denke im Kopf in kleinen Schritten, und erst wenn ‚es kracht', bringe ich die Dinge zu Papier!

Eine letzte Frage: Arbeiten Sie gerne mit genialen Menschen zusammen, oder gibt Ihnen dies Probleme?

Es hängt immer von der jeweiligen Situation ab. Manchmal ist es sehr gut, sich mit anderen Leuten in einen Wettstreit zu begeben, denn je mehr Leute in ein Projekt involviert sind, desto besser. Ich allerdings liebe es, alleine für mich zu arbeiten, denn die Meinung anderer verwirrt mich gerne. Ist das Projekt dann geboren, habe ich nichts mehr gegen eine Zusammenarbeit.

Interview 7

mit Eleanor W. Traylor, USA, Schriftstellerin und Literaturkritikerin

1955 am Spellman College, Atlanta, Georgia, Bachelor of Arts. 1956 Magister der Freien Künste an der Atlanta University, Georgia. 1956 bis 1957 Merril Scholar an der Technischen Hochschule Stuttgart. 1973 Research Fellow am Institut für Afrikanische Studien, Universität Ibadan, Nigeria. Eleanor W. Traylor hatte Lehraufträge an der Georgetown Universität, Washington, D.C.; an den Smith Colleges, Genua, New York; an der Cornell Universität, Ithaca, New York; am Tougaloo College, Tougaloo, Mississippi; und am Montgomery College, Rockville, Maryland.

Eleanor W. Traylor ist eine bekannte Schriftstellerin, Kulturhistorikerin, Literaturkritikerin. Sie unterrichtet Englisch an der Howard Universität in Washington D.C., wo sie einen Lehrstuhl innehat. Ihre vielen Beiträge und ihr starkes Engagement im Bereich der Afrikanisch-Amerikanischen Literatur brachten ihr zahlreiche Preise ein.

Glauben Sie, daß es eine innere Logik neben Kreativität und Intuition gibt?

Ich bin sicher, daß kreative Menschen das erschaffen, was sie erschaffen wollen, da sie innerlich darauf gepolt sind, und mit dem inneren Auge das zu erschaffende Werk bereits sehen.

Man darf allerdings nicht vergessen, daß es meist der äußere Druck ist, der die Dinge vorantreibt. Ich gehe hier von mir aus: Wenn ich einen vorgegebenen Endtermin habe, setze ich meine gesamten Kräfte für dieses Ziel ein – es ist ein innerer Konzentrationsprozeß, der nach außen hin sichtbar wird.

Würden Sie sagen, daß dies auch mit Hilfe der Intuition geschieht? Zuerst ist da der Druck von außen, und dann folgt das innere Bild, die Intuition und der äußere Prozeß des kreativen Werkes. Ist es so?

Ich bin mir nicht so ganz sicher, ob ich das Wort Intuition in diesem Zusammenhang meine. Wie Sie wissen, beruht eine Kommunikation zwischen zwei Menschen in erster Linie auf einer persönlichen und/oder sachlichen Bezugsebene. Was immer es nun auch sei, zuerst muß man sich auf irgend einer Ebene einigen.

Ich verstehe. Noch eine weitere Frage: Arbeiten Sie gerne mit einem genialen Menschen zusammen? Werden Sie hierdurch inspiriert?

Ich liebe intelligente und sensible Menschen – ja, ich werde durch sie inspiriert!

Im universitären Umfeld treffe ich auf viele solcher Menschen – wir kommen zusammen, denken gemeinsam über Probleme und neue Ideen nach, stimulieren uns gegenseitig und geben uns neuen Input. Ich liebe diese Art von Geselligkeit sehr!

Würden Sie sagen, daß Genialität in gewisser Weise erlernbar ist – so wie auch Intuition? Sozusagen antrainierbar?

Sie können Leute in einer bestimmten Disziplin lehren. Ich habe jedoch noch nie gehört, daß ‚Genialität' erlernbar ist. Dies ist ein Irrglaube. Sie können den Menschen Gesetze geben und diese dazu erziehen, diese Gesetze innerhalb der jeweiligen Disziplin einzuhalten. Sie können ihnen beispielsweise erzählen, die Punkte a, b, c, d zu beobachten – und sie tun dies ganz wundervoll!

Aber, um etwas noch nie Artikuliertes, noch nie Formuliertes zu kreieren, hierzu bedarf es mehr. Und dies ist nicht erlernbar – ich glaube es wenigstens.

Es muß sozusagen in Ihnen selbst sein, das Gespür, diesen und keinen anderen Weg zu gehen für die Idee, die Sie in Besitz genommen hat.

So ist es.

Interview 8

mit Reinhold Messner, Bergsteiger

1944 in Brixen geboren. Bergbauer, Buch- und Filmautor; Geometer-Studium, Universität in Padua. Seit 25 Jahren gehört er zu den besten Bergsteigern der Welt. Er hat bei 3500 Bergfahrten etwa 100 Erstbegehungen durchgeführt und als Erster alle 14 Achttausender bestiegen. Er bestieg auch die jeweils höchsten Berge der sieben Kontinente und durchquerte zu Fuß die Antarktis. Vorträge in Japan, USA, Großbritannien, Deutschland, Österreich, der Schweiz, den Niederlanden, Italien, Spanien und Argentinien. Dokumentarfilme; Artikel in National Geographic, GEO, Stern, Epoca; 34 Buchveröffentlichungen; Auszeichnungen in Italien, Nepal und Pakistan, Frankreich, USA. Reinhold Messner lebt heute auf Schloß Juval in Südtirol, wo er einen Bergbauernhof (biologisch-dynamisch) betreibt. Reinhold Messner bleibt als Bergsteiger aktiv. Sein Interesse aber gilt jetzt den großen Sand- und Eiswüsten dieser Erde und der Erhaltung der letzten Wildnis als Urlandschaft.

Denken Sie, daß es eine innere Logik des Genialen gibt? Eine innere Logik des genialen Managements, das heißt der Umsetzung genialer Ideen?

Sicherlich ist eine gute Portion Intuition und Kreativität vonnöten, um genial zu sein.

Aber ich glaube, mit Genie hat das nichts zu tun, vielmehr mit der Fähigkeit, sich mit einer Sache, beziehungsweise mit dem Tun hierfür, gänzlich zu identifizieren – und diesem Tun Sinn zu geben. Natürlich gilt dies auch für die Beschäftigung mit Menschen.

Die Sinngebung ist unsere große Fähigkeit und Möglichkeit – und vielleicht ist gerade die Sinngebung ‚die Logik des Genies'.

Hängt dieses Phänomen nicht auch mit der Fähigkeit zusammen, komplizierte Vorgänge dahingehend zu vereinfachen, daß sie für jeden leicht nachvollziehbar – und damit geniale Ideen auch umsetzbar werden? Was halten Sie davon?

Lassen Sie mich so antworten: Ein PR-Genie kann komplizierte Vorgänge so vereinfachen, daß sie für jedermann nachvollziehbar werden, und damit erlangen sie eine große Durchschlagskraft. Aber dies ist noch lange nicht die Logik des Genies, wie Sie vorher fragten.

Komplizierte Vorgänge vereinfachen ist die eine Angelegenheit – die andere Seite ist die, daß ein genialer Mensch in seinem Unterbewußtsein – ohne es zu wollen – im kreativen Bereich alle Erfahrungen, alles Wissen zu einer Erkenntnis bündelt und diese dann klar ausdrückt. Also genau umgekehrt wie Sie fragten!

Nein, ich würde nicht sagen, daß es genau umgekehrt ist, vielmehr ist da zuerst die totale Information als solche, und dann setzt die Logik des Genies ein.

Zuerst verwenden Sie alle Informationen, um dann die Kreativität und Intuition einzusetzen. Könnten Sie mir da zustimmen?

Ja, wenn Sie die Logik des Genies als die Fähigkeit, einer Idee Sinn zu geben, definieren – so wie ich es vorher ausgeführt habe. Und hierzu brauche ich eben alle notwendigen Informationen und Erfahrungen, um die Idee weiterzubringen. Jedenfalls ist die Vereinfachung meiner Meinung nach nur ein PR-Weg nach außen, jedoch nicht der Erfolgsweg nach innen, beziehungsweise der Erfolg schlechthin.

Wie würden Sie dann den Erfolgsweg eines genialen Menschen nach innen sehen?

Ich halte von Genies nicht viel. Ich glaube, es gibt keine Genies, sondern es gibt nur Können, Arbeit, intensivstes Auseinandersetzen mit den Projekten, die man machen will. Wenn jemand hier nur an der Oberfläche bleibt, es nur halbherzig macht, die Idee nicht mit letzter Begeisterung vorantreibt – dann ist dies eben kein Genie!

Mozart war kein Genie, weil er ein genialer Musiker war, sondern weil er bereits als Kind an die Musik herangeführt worden war und diese ihm Spaß machte; und dies trotz der Tatsache, daß er ein sehr schwieriges Leben hatte.

Einstein war sicherlich ein ganz scharfer Kombinierer von Ideen, aber seine genialen Einfälle hatte er mit völlig zufälligen Phantasiegebilden. So beispielsweise seine Relativitätstheorie, der ein kindliches Gedankenspiel zugrunde liegt.

Würden Sie es nicht als genial bezeichnen, daß aus einer kindlichen Idee sozusagen eine Allgemeingültigkeit wird? Ich sehe darin etwas Geniales.

Ich finde genial etwas anderes. Sicherlich hat die kindliche Sichtweise etwas mit genial zu tun – ein Kind sieht die Welt viel offener als Erwachsene, die festgefahrene Verhaltensmuster, eine bestimmte Sprache haben, unter einer ethischen Glocke sitzen und den Zugang zur Realität oft sehr schwer finden.

Aber jeder Mensch hat mehr oder weniger die gleichen Fähigkeiten – es gibt keine so großen Unterschiede zwischen a, b und c. Nur einige Menschen haben die Fähigkeit, sich besser als andere auf eine Person, eine Sache, eine Idee zu konzentrieren – und damit auch zu identifizieren.

Daher bin ich der Meinung, daß Genialität mehr mit Identifikation als mit Brillanz im Kopf zu tun hat.

Könnte man nicht auch sagen, daß es einfach die innere Sicht der Dinge, eine innere Vision ist, die so nachhaltig wirkt, daß – wie Sie in Ihrem Vortrag sagten – dann eine Explosion nach außen hin erfolgt, um die Idee real umzusetzen?

Ja und nein. Visionen sind nicht wirklich, und Visionen sind nicht etwas, das nach jahrelangem Denken kommt, sondern Visionen kommen plötzlich.

Beispielsweise wenn ich mit jemandem rede oder aber gerade aus dem Hause gehe, habe ich ganz plötzlich einen bestimmten Einfall und die klare Sicht der Dinge. Wenn ich abgelenkt bin, habe ich leichter die geniale Entdeckung!

Aber immer hat es mit der realen Identifikation einer Sache zu tun – ich komme hiervon nicht weg!

Wenn jemand alles „ein bißchen" macht, wird es nie genial werden, aber wenn sich jemand eine Minute, einen Tag oder ein Leben lang konzentriert, mit etwas Bestimmtem beschäftigt und dies auch liebt, was er sich in seinem Inneren vorstellt, ist die geniale Entdeckung nicht weit, vorausgesetzt er hat die nötige Intelligenz und das notwendige Wissen hierzu, so daß die notwendigen Zusammenhänge im Kopf schnell kombiniert werden können.

Unter Genialität verstehe ich jedoch nicht nur die ideale Kombination aus tausend Informationen zu *einer* Information, vielmehr die Kunst des Weglassens. Vielleicht, daß in diesem großen Vergessen und Nichts, das durch Weglassen entsteht, dieses Leerwerden, die Offenheit für neue Erkenntnisse und Genialität zu suchen ist.

Könnte man dann sagen, daß Genialität unter diesen Vorgaben erlernbar ist?

Ich glaube, daß jeder Mensch vor 100 000 Jahren genial war, und vielleicht auch noch vor 50 000 Jahren. Inzwischen sind wir eine Gesellschaft von fünf Milliarden Menschen auf dieser Erde – und die meisten sind damit beschäftigt, anderen einen Gefallen zu tun, anderen zu dienen, ihre eigene Kreativität zu vergessen, fremde Erkenntnisse nachzubeten und haben so gar keinen Platz für Genialität, weil sie nicht bereit sind, leer zu werden.

Ich denke, die Philosophie des Genies liegt eher in den asiatischen Kulturen als in der unsrigen. Nicht zuletzt kommen aus dem Osten immer wieder neue Ideen – aus dem Land des Sonnenaufgangs, und das wird auch so bleiben, da die asiatische Philosophie des ‚Sichentleerens' das Leerwerden predigt und damit auch die neue Anfüllung ermöglicht. Im Westen geht die Welt unter und im Osten geht sie auf. Im Osten liegt die Vergangenheit und die Zukunft gleichzeitig. Jetzt bin ich kulturgeschichtlich geworden!

Arbeiten Sie gerne mit genialen Menschen zusammen? Im Team, das begeistert von der Idee, der inneren Sicht und dem äußeren Weg dorthin ist?

Für mich ist ein Team eine Zusammenkunft von Menschen, die mit der gleichen Vehemenz dasselbe wollen.

Ich träume von genialen Menschen. Ich habe einige wenige in meinem Leben kennengelernt, die ich bewundere.

Aber ich glaube, daß Genies – ich halte mich nicht dafür – nicht zusammen leben und arbeiten können – das geht nicht! Genies sind sozusagen einzelne Figuren, die irgendwo explodieren, da und dort – an verschiedenen Stellen. Genies sind gleichzeitig introvertiert und extrovertiert – und das ist dann auch der Urknall!

Diese Interviews möchte ich zuerst einmal so stehenlassen. Im Verlauf der weiteren Kapitel dieses Buches werden immer wieder Parallelen auftreten, die Anknüpfungspunkte bieten.

Teil B

Der geniale Mensch

1. Kreativität

Kreativität wünschen wir uns alle. Ein undurchdringbarer Schleier, ein Mythos umgibt dieses Wort, das uns in unbegrenzte Fernen zu versetzen weiß, ohne daß wir es in seinem eigentlichen Sinne exakt definieren könnten.

Von dem Wort ‚Kreativität' geht eine seltene Faszination aus. Es erscheint lohnenswert, sich näher mit diesem Phänomen zu befassen.

1.1 Kreativitätsforschung

„Ich bin jederzeit bereit, ein Konzept über den Haufen zu werfen, weil plötzlich eine Stimme anders klingt oder weil eine Idee oder Persönlichkeit sich ändert. Mich inspiriert alles, was mir begegnet." Luc Bondy, Theater- und Filmregisseur, Schweiz.

„Falls es Kreativität überhaupt gibt, muß man sie vielleicht in den räumlichen Beziehungen suchen, in den neuen Gleichgewichten, die dauernd zwischen Mensch und Umwelt entstehen, also im architektonischen Objekt selbst." Mario Botta, Architekt, Schweiz.

„Was heißt normal? Zwanzig Jahre war ich bestrebt, normal zu sein, mich anzupassen, bis ich merkte, daß das Ausbalancieren meiner zwei Seiten in mir das Wichtigste ist." Und: „Man sagt, Neugier sei ein Gefühl – nein, Neugier löst Gefühle aus!" Jody Foster, Schauspielerin, am 31. 3. 92 in der ZDF-Sendung „Aspekte".

Und noch ein letztes Zitat von Prof. August Everding, Generalintendant der Bayerischen Staatstheater und Präsident des Deutschen Bühnenvereins: „Was kann Kunst? Was kann Kunst ausrichten? – Kunst entwirft Welten, die es nicht gibt, und beschreibt die Welt, die es gibt, so genau, daß man neu hinschauen muß, sie zeigt Elend und Schönheit, die selbst meine Phantasie nicht ausmalen könnte. Kunst läßt mich Klänge hören, deren Dissonanzen und Harmonie mich erschrecken und erfreuen. Kunst schafft eine neue Welt und bringt die kaputte alte wieder in Ordnung. Kunst tut gut, weil sie Wunden heilt. Kunst stellt die Welt auf den Kopf – und siehe – jetzt steht sie richtig!" (Welt am Sonntag, 2.2.92)

Soweit die Aussprüche von anerkannt kreativen Menschen, die zeigen, wie sie Kreativität empfinden und damit umgehen.

Seit 1990 beschäftigt sich das *Internationale Zermatter Symposium für Kreativität in Wirtschaft, Kunst und Wissenschaft* (ISO-Stiftung für Kreativitätsforschung) mit Kreativität.

Während sich die traditionelle Kreativitätsforschung vor allem für den Prozeß innerhalb des Individuums interessierte, geht die heutige, systemische Kreativitätstheorie von der Person und ihrem gesamten Umfeld aus.

„Dieses Feld wird durch den dauernden, reziproken Materie-, Energie- und Informationsaustausch zwischen Mensch, physikalischer Umwelt und biosozialer Umwelt aufgebaut, erhalten, entwickelt und wieder aufgelöst. Das Rätsel des kreativen Prozesses läßt sich somit letztlich nur verstehen, wenn man das komplexe transaktionelle Beziehungsgewebe zwischen Mensch und Umwelt zu erfassen versucht." (Gottlieb Guntern, Der kreative Weg, 1991)

Eine wirkliche Kreativitätsforschung gibt es erst seit Ende des letzten Jahrhunderts, und zwar wird sie mit der im Jahre 1864 in Italien publizierten Schrift des Psychiaters und Gerichtsmediziners Cesare Lombroso (1836–1909) „Genie und Irrsinn" in Verbindung gebracht.

Nach der Meinung Lombrosos waren die alten Griechen mit ihren Philosophien, berühmte Maler wie da Vinci und Michelangelo, Musiker wie Bach und Mozart nur aufgrund ihrer ‚degenerativen Hirnprozesse' zu diesen außergewöhnlichen Werken fähig. Ein Klassiker in dieser Richtung sind die Schriften von Lange-Eichbaum, 1928 in Deutschland publiziert. Ich komme hierauf noch später zurück. Daran schlossen sich psychoanalytische Publikationen an (Noy 1979, Richards 1981), die ihren Ursprung bei Freud und anderen haben.

„Diese spekulativen Versuche, die Kreativität zu beschreiben und zu erklären, hatten ihre Vor- und Nachteile. Der Hauptvorteil bestand darin, daß sie die Kreativität zum Thema konzeptueller Überlegungen machten. Der Hauptnachteil war, daß sie selektiv Daten sammelten, die zu den eigenen vorgefaßten Ideen paßten, und daß sie sich nicht bemühten, wissenschaftliche, das heißt durch Beobachtung und Experiment im Prinzip falsifizierbare beziehungsweise als beweisbar nicht zutreffende, Hypothesen aufzustellen." (Guntern, ebenda)

Eine wirklich fundierte, aus wissenschaftlicher Sicht betriebene Kreativitätstheorie gibt es erst seit 1945 – und zwar aus den USA kommend.

Der Kontext war allerdings zu eng angelegt: nur die Person stand im Mittelpunkt des Interesses – nicht ihr Umfeld! Positive, negative und in beiden Richtungen verstärkende Umwelteinflüsse wurden weitgehend vernachlässigt – und somit die Ergebnisse der Forschung nicht exakt nachvollziehbar.

In den letzten Jahren faßte die systemisch fundierte Kreativitätsforschung Fuß.

Guntern möchte folgende sieben Grundfragen zur menschlichen Kreativität beantwortet wissen (Der kreative Weg):

1. Wie funktionieren Wahrnehmung, Denken, Fühlen, physiologische Abläufe und Verhalten eines Organismus, der sich im kreativen Prozeß befindet?
2. Welche Einflüsse haben organismische Programme auf die menschliche Kreativität?
   - Wie beeinflußt das genetische Programm (die angeborene Disposition) den kreativen Prozeß?
   - Wie beeinflussen das im Verlaufe eines Lebens erlernte Können und Wissen (die individuell erworbene Erfahrung) den kreativen Prozeß?
3. Wie beeinflußt der reziproke Materie-Energie- und Informationsfluß zwischen Organismus und physikalischer Umwelt die Kreativität? (Zum Beispiel Klima, Farben, Bewegungen, Technik etc.)
4. Wie beeinflußt der reziproke Materie-Energie- und Informationsfluß zwischen Organismus und biosozialer Umwelt (zum Beispiel Pflanzen, Tiere, Menschen und ihre Kultur) den kreativen Prozeß?
5. Wie funktioniert das komplexe Zusammenspiel zwischen Chaos (Freiheit, Zufall) und Ordnung (Strukturzwang, Naturgesetz), das jeden kreativen Prozeß in einem Ökosystem (Mensch – Umwelt) steuert?
6. Welches sind die Bedingungen für den kreativen Prozeß?
7. Welche strukturellen und funktionellen Ähnlichkeiten und Unterschiede existieren zwischen den kreativen Prozessen in verschiedenen Bereichen der Evolution?

Guntern: „Die Kreativitätsforschung steht heute ungefähr da, wo vor hundert Jahren die Atomphysik gestanden hat. Wesentliche Grundbegriffe sind noch nicht oder erst schlecht definiert. Wesentliche Grundkonzepte sind teilweise oder ganz unbekannt. Die Forschungsmethodik steckt in manchen Fällen noch in den Kinderschuhen. Die Kreativitätsforschung ist derzeit eher eine vernachlässigte Domäne. Es fehlt mancherorts die Einsicht in die Wichtigkeit dieser Forschung."

1.2 Der kreative Prozeß

Bevor wir uns dem Prozeß selbst widmen, wollen wir versuchen, Kreativität zu definieren.

Robert W. Weisberg, Professor für Psychologie an der Temple-Universität in Philadelphia (USA), international bekannt in der Kreativitätsforschung mit kognitionswissenschaftlichem Schwerpunkt, sagt vor allem, was Kreativität *nicht* ist! Im Vorwort seines Buches „Kreativität und Begabung – Was wir mit Mozart, Einstein und Picasso gemeinsam haben" (Spektrum, Heidelberg 1991) zeigt Franz E. Weinert, Direktor am Max-Planck-Institut für psychologische

Forschung in München, exakt die Irrtümer unserer Zeit in diesem Bereich auf: „Redet man im Alltag von Kreativität, so wird nicht in erster Linie an wissenschaftliche Innovation und künstlerische Gestaltungskraft gedacht, sondern häufig an eine *„alternative" Lebens- und Erlebnisform*. Befreit von Blockierungen des zweckrationalen, wohlgeordneten, disziplinierten und kontrollierten Denkens sieht man in der Kreativität das originelle, aus dem Unbewußten strömende, gefühlsbetonte, sich selbst verwirklichende Erleben. Immer drastischer werden in der öffentlichen Diskussion Rationalität und Kreativität als Gegensätze wahrgenommen, und der Ruf nach Befreiung der Phantasie von den Zügeln des zweckrationalen Denkens ist lauter geworden. Die bedeutenden Werke in Wissenschaft und Kunst können nicht einfach als Produkte einer einmaligen genialen Intuition erklärt werden: bei der Lösung von alltäglichen wie wissenschaftlichen Problemen sind logisches und kreatives Denken keineswegs Gegensätze: und schließlich ist nach den Analysen von Weisberg ein fundiertes Spezialwissen die notwendige Voraussetzung jeder bedeutenden Leistung – sei es in Kunst, Wissenschaft oder Technik."

Werden wir hier nicht an die Live-Interviews erinnert? Für alle Interviewten, egal ob ihre Erfahrungen aus der Wirtschaft, Kunst, Architektur, Literatur oder dem Sport kommen, gilt derselbe Grundsatz: Logik und Genialität schließen sich gegenseitig nicht aus, nein, sie bedingen sich sogar – und dazu kommen Fleiß, Energie, Selbstmotivation, Unabhängigkeit von Menschen und Materiellem – und ein intrinsisches Engagement!

Weisberg definiert Kreativität folgendermaßen:

„Beim kreativen Problemlösen wird durch eine neuartige Reaktion ein gegebenes Problem gelöst. Diese Definition enthält zwei wichtige Faktoren: Erstens muß die Lösung neuartig sein, weil zur Kreativität mehr als die Wiederholung einer alten Lösung gehört. Zweitens ist die Neuartigkeit als solche nicht hinreichend; denn die Reaktion muß das Problem tatsächlich lösen."

Hiermit sind zwei Prämissen für kreative Problemlösung gegeben:

– Neuartigkeit
– wirkliche Lösung des Problems.

Guntern definiert:

„Die allgemeinste Definition der Kreativität dürfte wohl lauten: Die Kreativität ist die Fähigkeit, eine Form zu produzieren, die bestimmten Kriterien genügen muß." Das heißt, der Künstler muß auch akzeptiert werden!

Wenden wir uns jetzt dem kreativen Prozeß zu. Ein Schaubild soll uns den Einstieg erleichtern:

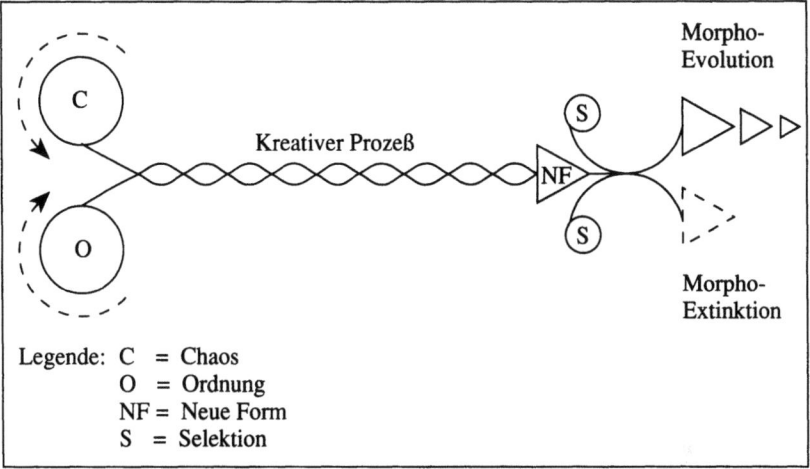

Quelle: Gottlieb Guntern, Der kreative Weg, Verlag moderne industrie AG & Co, Zürich, 1991, S. 55

Abbildung 1: Der Grundmechanismus des kreativen Prozesses

Hier wird der Grundmechanismus des kreativen Prozesses aufgezeigt, der sich aus vier eng ineinander verzahnten und dennoch mehr oder weniger deutlich abgegrenzten Teilmechanismen zusammensetzt.

Die vier Teilmechanismen sind:

1. Zufall und Gesetz.
2. Durch die gegenseitige Beeinflussung von Zufall und Gesetz entsteht ein multiphasischer Transaktionsprozeß, der in eine Neue Form einmündet.
3. Diese Neue Form unterliegt dem umweltbedingten Selektionsmechanismus.
4. Diese Neue Form integriert sich in das bestehende Ökosystem und beeinflußt die weitere Evolution.

So spielen im gesamten System Zufall und Gesetz, Chaos und Ordnung, Freiheit und Strukturzwang eine entscheidende Rolle.

Im Gegensatz zu anderen Kreativitätsforschern nimmt Guntern statt vier oder fünf sieben Phasen des menschlichen Kreativitätsprozesses an:

– Germination
– Inspiration
– Proparation

- Inkubation
- Illumination
- Elaboration
- Verifikation

Die Keim- oder Germinationsphase

Völlig unbewußt wird irgendwann einmal eine Idee oder werden mehrere in Relation zueinander stehende Ideen geboren. Es geschieht ohne irgendein bewußtes Zutun – einfach so – völlig natürlich und ohne irgend einen äußeren oder inneren Zwang. Wann sich diese Idee formiert hat, ist unbekannt; man weiß nicht, wie und wo die Initialzündung liegt.

Sicherlich hatten Sie auch schon einmal solche ‚Geistesblitze', die nicht immer die schlechtesten waren!

Hier sind wir bereits bei der nächsten Phase:

Die Inspirationsphase

Man weiß nicht, wie einem geschieht: Plötzlich steht es ganz deutlich vor dem inneren Auge, man weiß und fühlt ‚Das ist es, wonach ich gesucht habe' und ist sich völlig sicher, daß diese Idee zum Ziel führen wird – sei es nun in sachlicher oder persönlicher Sicht.

Nicht selten ist diese Art von Ideenfindung, sprich Eingebung, von euphorischen Gefühlen begleitet; eine innere Stimme sagt: ‚Du wirst es schaffen, trotz aller äußeren Widerstände und Barrieren', ‚Du weißt, daß Du Deine eigenen Blockaden überwinden wirst, trotz beispielsweise Arbeitsmüdigkeit, Motivationslosigkeit und anderer negativer Gefühle'! Es ist der ‚Stein des Weisen', den man gefunden hat, ganz plötzlich fiel er sozusagen vom Himmel!

Die Präparationsphase

Nun wird man mit der Aufzeichnung beginnen, die Ideen näher skizzieren, eingrenzen, festmachen und ihnen Gestalt geben.

Im günstigsten Fall setzt hieran – ohne Unterbrechung des kreativen Prozesses – sofort die Elaborations- oder Ausarbeitungsphase an, meist jedoch wird der Prozeß verzögert durch plötzlich auftretende Zweifel an der Idee selbst und vor allem an deren Durchführbarkeit.

Die Inkubationsphase

Hier macht sich Resignation Platz. Negative Gefühle überschatten den Arbeitseifer und die ursprüngliche Faszination. Meist wendet man sich einer anderen Arbeit zu, von der man weiß, daß sie ohne weitere Bemühungen spielend zu bewältigen ist. Oder man verschreibt sich selbst eine ‚kreative Pause' – ohne die Gewißheit eines positiven Ausgangs. Die Zeit scheint still zu stehen für die Idee – und für einen selbst!

Ein geradezu klassisches Beispiel hierfür ist der große Mathematiker *Henri Poincaré*:

Er arbeitete bereits lange und intensiv an einem mathematischen Problem, den ‚Fuchsschen Funktionen'. (Es geht hier nicht um die Sache selbst, nur um deren Handhabung.)

Poincaré blieb trotz intensiver Arbeit erfolglos. Nach einem weiteren verlorenen Arbeitstag trank er eine Unmenge schwarzen Kaffees und konnte nicht einschlafen. Seine Ideensuche vermischte sich während einer schlaflosen Nacht mit phantastischen Eingebungen, die besagten, daß seine bisherigen Überlegungen nicht stimmten.

Er vergaß den gesamten Vorgang, da er ‚einem Wahn zu erliegen' schien, und plante bewußt eine Reise. Poincaré wörtlich:

„Die Ereignisse der Reise ließen mich meine mathematische Arbeit vergessen. In Coutances angekommen, stiegen wir in einen Omnibus, der uns irgendwohin bringen sollte. Als ich gerade meinen Fuß hineinsetzen wollte, kam ich auf die Idee, ohne daß irgend etwas in meinen vorherigen Gedanken dahin geführt zu haben schien ... Ich überprüfte die Idee nicht und hätte auch gar keine Zeit dazu gehabt, da ich, als ich meinen Platz im Omnibus einnahm, in einem schon begonnenen Gespräch fortfuhr; doch ich war mir vollkommen sicher. Bei meiner Rückkehr nach Caen überprüfte ich bei Gelegenheit das Ergebnis aus Gründen der Gewissenhaftigkeit."

Nach bewußter intensiver Überprüfung konnte Poincaré wenig später den Beweis hierfür aufstellen.

Ein vergleichbarer Vorfall ereignete sich noch einmal im Verlaufe seiner Arbeit: Erneut kam er mit seiner Arbeit ins Stocken und ließ sie ganz bewußt ruhen, um etwas anderes in Angriff zu nehmen. Plötzlich und ganz spontan fiel ihm sodann die Lösung des anstehenden Problems ein, ohne daß er darüber bewußt nachgedacht hätte!

Ein weiteres Beispiel in diesem Zusammenhang ist *Wolfgang Amadeus Mozart*.

Mozart komponierte ohne lange Vorarbeiten sozusagen ‚aus dem Kopf'. Die Melodien flogen ihm zu wie aus höheren Sphären! Fühlt er sich in Stimmung, hatte er mühelos unzählige musikalische Ideen, die er sich – wenn sie ihm gefielen – ohne irgendwelche Aufzeichnungen merkte. Er speicherte sie im Kopf, um sie sodann als fertige Komposition unter einem Leitmotiv spontan aufzuschreiben. Er redigierte und änderte nichts – die Melodien standen fix und fertig in ihrer ganzen musikalischen Schönheit vor ihm auf dem Papier!

Ein Hexenwerk? Eine Eingebung Gottes? Ein Wahnsinniger?

Wie sind diese Vorgänge zu erklären und wie einzuordnen? Heute weiß man, daß diese kreativen Lösungen aus dem Unterbewußtsein herrühren. So sagte Poincaré selbst, daß diese Lösungen ihren Ursprung ‚in einer lang andauernden und vorangegangenen unbewußten Bearbeitung' haben. Sie münden somit in die nächste Phase ein.

Die Illuminationsphase

Weisberg, der sich intensiv mit der Kreativitätsproblematik in seinem Buch „Kreativität und Begabung" beschäftigt, schreibt hierzu:

„Wenn man die Rolle des Unbewußten beim Kombinieren von Ideen betrachtet, stößt man auf das Problem der ungeheuer vielen Kombinationsmöglichkeiten. Auch Poincaré glaubte nicht, daß sich das Unbewußte durch all diese Kombinationen durcharbeiten könnte. Deshalb folgerte er, daß ein anfängliches Stadium des bewußten Denkens – das Wallassche Stadium der Vorbereitung – wichtig sei, um festzulegen, welche Gedankenkombinationen das Unbewußte zu bearbeiten habe. In diesem Stadium werden bestimmte Ideen bewußt als mögliche Problemlösungen durchdacht. Führt keine dieser Überlegungen zum Erfolg, so werden im zweiten Stadium – der Inkubation – Kombinationen geprüft, die sich mit den während der Vorbereitung ‚aktivierten' Gedanken bilden lassen. Bei diesen unbewußten Gedankenkombinationen wurde zumindest einer der Gedanken bereits im Stadium der Vorbereitung in Erwägung gezogen. Wird eine Gedankenkombination positiv beurteilt, taucht sie nach Poincarés Auffassung unerwartet im Bewußtsein auf und führt zu einer plötzlichen Erleuchtung."

Wie ist so etwas möglich, fragen wir uns. Poincaré sagt uns selbst die Lösung: In der Mathematik spricht man von besonders eleganten und schönen Lösungen. Das Moment der Ästhetik wird bewußt als Wertmaßstab hinzugekommen! So werden die Gedankenkombinationen in unserem Unterbewußtsein nach diesem Raster abgetastet, und nur die Lösung tritt zutage, die unserer eigenen Ästhetik entspricht!

Ein geniales Raster, würde ich sagen – und es funktioniert auch noch! Denn ohne Zweifel werden in Kunst und Wissenschaft rein ästhetische Maßstäbe an den Tag gelegt.

Ein zweiter Ansatzpunkt ist *Arthur Koestlers Kreativitätstheorie,* die eine erweiterte Sichtweise im Zusammenhang mit Freud (auf Poincaré aufbauend) ergibt.

Er benennt seine Theorie Bisoziationstheorie. Bisoziation im Gegensatz zu Assoziation; letztere nimmt Bezug auf schon bereits bestehende Gedanken! Bisoziation setzt dagegen *dort* neue Verbindungen, *wo* noch überhaupt keine bestehen! Am Beispiel Gutenbergs vollzieht Koestler dies nach: Seiner Meinung nach bestehen Gedanken aus miteinander verbundenen Reihen und Matrizen. Beim normalen assoziativen Denken führt innerhalb einer Matrix ein Gedanke zum anderen. Bei kreativem Denken muß allerdings von einer Matrix zur anderen gewechselt werden.

So mußte zum Beispiel Gutenberg lange über das Druckverfahren auf Papier nachdenken, bis er dann über die Matrix ‚Weinpresse' zur eigentlichen Buchdruckpresse kam. Die Kombination dieser beiden Gedankenreihen nennt Koestler Bisoziation!

Auch hier spielt das Moment des Unbewußten eine entscheidende Rolle. Und zwar mißt Koestler – nach Vorbild von Freud – dem Traum eine sehr große Bedeutung bei.

Hier vermischen sich Realität und Phantasie, neue Verbindungen werden spielerisch eingegangen – und dies ganz ohne Wertung, feste Strukturen und Konturen.

Exkurs: Das Infragestellen der Inkubationsphase

Weisberg befaßt sich vor allem hiermit, um den Mythos des Unbewußten etwas zu entkräften und auf sichereren Boden zu stellen. Er führt folgende Untersuchungen an:

„Zunächst müssen einige Dinge klargestellt werden. Läßt sich ein Problem leichter lösen, wenn man die Bearbeitung unterbricht? Sofern eine Pause bei der Bearbeitung nicht weiterhilft, ist offenkundig auch keine Inkubation erfolgt, und alle weiteren Fragen erübrigen sich. Daß solche Pausen manchen Menschen bei der Lösung von Problemen helfen, heißt umgekehrt aber nicht, daß eine Inkubation (im Poincaréschen Sinne) vorliegt und unbewußte Denkprozesse dafür verantwortlich sind."

So spricht zum Beispiel *Robert Olton* von „kreativem Grübeln". Er stellte mit seinen Kollegen bewußt eine Situation nach Poincaré nach:

Das Schachspiel ist gewissermaßen mit dem Bereich der Mathematik gleichzusetzen. So beobachteten Olton und seine Leute geübte Schachspieler bei der Lösung einer Schachaufgabe. Die eine Gruppe arbeitete durch, während die zweite Gruppe nach einer gewissen Zeit eine Pause einlegte. Letztere durfte sich während der mehrstündigen Pause nicht mit dem Schachproblem gedanklich auseinandersetzen – eine Inkubation wäre somit möglich gewesen! Das Ergebnis war überraschend: die zweite Gruppe zeitigte keine besseren Ergebnisse als die erste Gruppe! Olton unternahm noch weitere Untersuchungen, wobei sich auch hier kein konkreter Anhaltspunkt für eine Inkubationsphase ergab.

Catherine Patrick wollte in zwei Studien dem kreativen Prozeß von Malern und Dichtern nahekommen. Die meisten bestätigten den vierphasigen Wallaschen Prozeß – Vorbereitung, Inkubation, Erleuchtung und Verifikation. Hierbei ist allerdings entscheidend, daß alle Beteiligten sagten, sie hätten in der Inkubationsphase über ihre Idee nachgedacht – was dem Unbewußten widerspricht. Ferner waren die einzelnen Phasen nicht eindeutig ausmachbar, so daß sich die Grenzen innerhalb dieser verschoben und es zeitliche Überschneidungen gab.

Edgar Vinacke und *Jan Eindhoven* bestätigten dies ebenfalls durch ihre Studien.

Weisberg hierzu: „Insgesamt läßt sich eine Inkubation in kontrollierten Situationen nur schwer dokumentieren."

Sein Fazit lautet:

Aus verschiedenen Gründen sind Zweifel an einem Inkubationseffekt beim kreativen Problemlösen angebracht.
1. Patrick, Vinacke und Eindhoven konnten die Wallaschen Phasen und auch eine Inkubationsphase in ihren Studien *nicht* nachweisen.
2. Auch eine Reihe von Laborversuchen bestätigte dies: nur schwache Hinweise auf unbewußte Denkprozesse wurden vermerkt – die von Patrick untersuchten Maler und Dichter dachten bewußt über ihre Ideen nach!
3. Die eigenen Berichte von Kreativen (Poincaré, Coleridge und anderen) kann man nur relativiert sehen, und man kann wissenschaftlich nichts daraus ableiten.

Wörtlich: „Nach Poincaré setzt Kreativität voraus, daß im Unbewußten Ideen miteinander kombiniert und die potentiell nützlichen Kombinationen dann schließlich ins Bewußtsein übertragen werden. Der Gedankensprung, den man dann wahrnimmt, ist diesem Ansatz nach darauf zurückzuführen, daß eine zunächst unbewußte Idee plötzlich ins Bewußtsein dringt. Abschließend ist zu sagen, daß die Theorie der unbewußten Inkubation beim kreativen Denken offenkundig nicht auf harten Tatsachen beruht."

Das Interview mit R. Messner bestätigt diese Ansicht: er spricht von plötzlicher Ideengebung.

Die Elaborations- oder Ausarbeitungsphase

Ausdauer und Selbstdisziplin – wie bei einem Sportler – sind hier gefragt, Durchhaltevermögen, Selbstmotivation, Überzeugungskraft – kurz: alle Fähigkeiten, die zum Erfolg führen!

Mit den Worten von Harald Szeemann zu sprechen (Interview): „Die Umsetzung ist knallhart!"

Die Verifikationsphase

Bislang war der kreative Mensch sozusagen eins mit seinem Werk. Es gehörte ihm allein, es war sein Kind, er hat ihm Leben gegeben und betrachtete es mit seinen Augen. Jetzt aber muß er Distanz zwischen sich und dem Geschaffenen einlegen, es mit fremden, kritischen Augen betrachten und gewahr werden, daß es ihm entgleitet. Andere Maßstäbe werden gesetzt – kann das Werk standhalten?

Die Fremdorientierung löst die Eigenorientierung ab – der Prozeß der Akzeptanz spricht das letzte Wort!

Sicherlich gibt es da sehr viele Abstufungen, so wie sich mancher Künstler bewußt von der fremden Kritik absetzt und nur seine eigenen Gesetze und die seines Werkes akzeptiert. Das erfordert Mut und ein Wissen um die eigene Schöpfungskraft. –

Der Publikumsgeschmack ist – wie wir wissen – nicht immer der beste, auch nicht der Geschmack der Zeitkritiker – wie oft wurde jemand erst im nachhinein berühmt!

Nach der Betrachtung der einzelnen „Kreativitätsphasen" lassen sich folgende *Schlußfolgerungen für ein „ideenreiches Management"* ziehen:
1. Das Unterbewußtsein spielt eine größere Rolle, als wir glauben. Wir sollten unfertige Problemlösungen bewußt an unser Unterbewußtsein ‚abgeben', um für andere Dinge frei zu sein. Im entscheidenden Moment wird uns dann die passende Lösung ‚einfallen'! (Siehe auch die ‚Silva-Mind-Methode' in Marie-Louise Neubeiser, Management-Coaching, 1990)

2. Die bewußte Vermischung unserer jeweiligen Realität mit unseren in der Phantasie vorgestellten ‚Ideal-Lösungen' kann uns zu neuen Ideeneingebungen bringen.

Vielleicht ließe sich an diesem Punkt schon einiges vorwegnehmen: „Die Logik des Genialen" liegt meines Erachtens auch hierin mit begründet!

1.3 Momente der Kreativität

„Kreativ wird der Mensch in unbedrohten Lagen. Oder dort, wo er die ‚Drohung' selbst wählt – was kreative Menschen liebend gerne tun: sie entwurzeln, verfremden, desorientieren sich, solange es freiwillig bleibt. Solange sie über den Spielraum verfügen. Also nicht über sie verfügt wird. Selten sind kreative Persönlichkeiten auch konsistente Persönlichkeiten. Nein, schöpferisch wird man in den Zwischenräumen, Lücken und Leerstellen der funktionierenden Wahrheiten, in Spielräumen, in denen keine Überichs jedweder Art uns unser eigenes Urteil abnehmen." (Eike Gebhardt, Abschied von der Autorität, 1991).

Auf dem *Zermatter Symposium für Kreativität in Wirtschaft, Kunst und Wissenschaft 1991,* wo ich die Interviews mit Maucher, Traylor, Hadid und Szeemann führte, wurde immer wieder klar, warum sich nur außergewöhnliche Menschen im wirklich kreativen Bereich bewegen. Abgesehen davon, daß – nach heutiger Forschung – eine normale Intelligenz (ein IQ von ungefähr 120!), so Guntern, erforderlich ist, setzt Kreativität eine große Sensibilität für Formen, Worte und Gestaltung voraus. Es ist die Fähigkeit, sich völlig von seinem Objekt zu distanzieren, dann wieder zu verinnerlichen – ein fließender Wechsel-Prozeß, wie wir gesehen haben!

Leider gelang es mir nicht, den publikumsscheuen Nobelpreisträger *Gabriel García Márquez, den* weltberühmten Autor von ‚Hundert Jahre Einsamkeit', ‚Liebe in den Zeiten der Cholera', ‚Chronik eines angekündigten Todes' u. a. zu interviewen. Er gab überhaupt keine Interviews – aber er stellte sich für einen ganzen Tag zum Gespräch zur Verfügung.

Hier ein kurzer Bericht über Stimmungen, Eindrücke und Atmosphäre dieses Tages:

„Ich arbeite in einem rigoros geordneten Chaos – im Chaos des Lebens! Es gibt kein größeres Glück, als wenn die Arbeit vorangeht, wenn ich beim Schreiben das Gefühl habe, daß mir jemand nahtlos das diktiert, was ich schreibe."

Diese Sätze sagen das aus, was seine Werke ausstrahlen: ungezwungene authentische Realität, Faszination der Details, verdichtete Atmosphäre – fließende Grenzen zwischen Reportage und Roman! Er recherchiert mit akribischer Genauigkeit: „Erst wenn ein Element nicht recherchierbar ist, kann ich tun, was ich will – allerdings muß ich gegenüber den Lesern glaubwürdig bleiben."

Ein Beispiel für seine Detail-Recherche: In seinem Buch „Der General in seinem Labyrinth" schildert Márquez eine Vollmondnacht vom 8. auf den 9. Mai 1830. Um auch wirklich authentisch zu sein, ließ er diese Vollmondnacht bei einer wissenschaftlichen Akademie überprüfen, indem diese die Mondphasen auf das besagte Jahr zurückrechnete!

„Jede Idee wird zur Geschichte, wenn man genügend gelebt hat, aber ich kann nicht schreiben, was nicht auch in der Wirklichkeit verankert ist. Seit 45 Jahren schreibe ich – ich habe eine lange Erfahrung mit der poetischen Umsetzung der Wirklichkeit. Eigentlich habe ich keine zu große Phantasie!"

Das überrascht, aber beim genauen Lesen seiner Bücher merkt man, daß jede einzelne Person in seinen Romanen autobiographische Züge hat. „Ich bin ein Stilist – das Schwierige ist, eine Person sterben zu lassen. Das einzig Wichtige ist der Tod – alles andere ist Erfahrung. Ich weiß nicht, *wie* ich sterben werde – schrecklicher Gedanke!" Dies sagte er im Zusammenhang mit seinem Roman „Die Liebe in den Zeiten der Cholera".

Auf die Frage, warum er schreibt: „Ich sehe kristallisierende Bilder – alles geht von sichtbarer Realität aus. In ‚Hundert Jahre Einsamkeit' sind die Bilder meiner Kindheit in jeder Zeile, jedem Wort. Wenn ich alle Episoden meines Lebens in meinen Büchern analysiert habe, kenne ich die Geschichte meines Lebens."

Und über seine Leser sagt er: „Jede Zeile ist ein Versuch, dem Leser die gleiche Gemütsverfassung zu vermitteln, die ich hatte und habe beim Schreiben. Bilder lösen meine Bücher aus – nicht Ideen!"

Er macht sich nicht klar, warum wissenschaftliche Erklärungen von der rechten oder linken Hirnhälfte hier zum Tragen kommen und will es auch gar nicht wissen; denn Schreiben ist sein Leben, seine Existenz: „Ich lese meine Bücher nicht wieder – aus Angst, sie anders geschrieben zu haben!"

Und ein für mich überaus wichtiger Satz – im Kontext mit der Logik des Genialen: „Auch die Willkürlichkeit hat ihre Gesetze – eine gewisse Logik! Kreativität im Unbewußten – sie muß da bleiben. Schreiben ist viel schwieriger, als manche denken. Jeden Tag meines Lebens schreibe ich vier bis sechs

Stunden, eine Seite pro Tag – und bin glücklich, wenn ich *das* schreiben konnte, was ich *wollte*. Man muß das Leben zum Besseren verändern."

Ich glaube, es läßt sich nichts mehr hinzufügen. Wir spüren aus diesen Worten die Dringlichkeit der Vision und Mission, die ein ganzes Leben auszufüllen vermag.

Aus der sehr angeregten Diskussion nur noch einige Sätze:

„Im tiefsten Wesen sind alle Menschen gleich – deshalb lesen sie!"

„Ich bin Schriftsteller und Journalist – ich sehe keinen Unterschied zwischen beiden!"

„Ich möchte nicht, daß meine Bücher verfilmt werden. Die Bilder sind so stark, und es wäre auch keine Veränderungsmöglichkeit mehr da wie beim Lesen."

„Film und Buch sind nicht austauschbar."

„Schreiben heißt Leben für mich. Allerdings ist Robustheit Voraussetzung. Die Forderung für mich heißt: kontinuierlicher, gleicher Geisteszustand!"

„Jeder schöpferische Mensch ist mit einer besonderen Gabe geboren. Nur wissen es viele von sich selbst nicht. Selbstdisziplin ist vonnöten, denn jedes Talent braucht eine harte Erziehung. Das Leben hat mich ausgeformt – ich bin Autodidakt. Meine Lücken füllte ich mit Nachschlagewerken auf."

Im August 1992 wollte Gabriel García Márquez mit seinen Memoiren beginnen, wie er sagte. Wir werden bei seiner Arbeitsweise nicht lange darauf warten müssen!

Ganz im Gegensatz zu diesem „geordneten Chaos" stehen *Harald Szeemann, Zaha M. Hadid* und *Eleanor Traylor*.

Beim Lesen der Interviews ist Ihnen sicherlich bereits aufgefallen, daß ein totaler Anspruch an sich selbst und das jeweilige künstlerische Werk gestellt wird. Man könnte auch sagen, es handelt sich hier um eine chaotisch-anarchistische Kreativität, die alle Grenzen bewußt überschreitet.

Bei den Ausführungen des Kreativitätsprozesses (Verifikationsphase) habe ich darüber bereits Andeutungen gemacht. Hier sollen einige Sätze in den Raum gestellt werden, die viel über die Künstler selbst aussagen:

Zaha M. Hadid:

„Ich bombardiere mein Gegenüber mit Ideen – ich hole die Gegenstände aus dem Raum."

„Ich schaffe fluiden Stadtraum und splittere neue Räume mit meiner Phantasie auf."

„Ich nehme Bewegungen, Strömungen, Licht und Eigendynamik in meine Konstruktionen mit auf." (Trafalgar Square, London).

„Befreiung und Lösung von alten Strukturen: ich löse die alten Regeln der Architektur in neue Regeln auf."

Über ihre Zielsetzung:

„Befreiung in jeglichem Sinne, Findung eigener Regeln und Bündelung verschiedener, extremer Kräfte!"

Über den Peak von Hongkong:

„Das Licht ist ein wesentliches Element für mich. Neue Bezüge müssen erdacht und gefunden werden. Das Einfachste ist immer auch das Schwierigste, weil viel Sorgfalt und Kleinarbeit darauf verwendet werden müssen."

Ihre Motivation kommt in dem Satz klar zum Ausdruck: „Raum – eine Herausforderung an mich und andere: Befreiung, um glücklich zu sein!"

Bereits mit elf Jahren wollte Zaha M. Hadid Architektur studieren. Sie studierte Mathematik (siehe Lebenslauf zu Beginn des Interviews).

Harald Szeemann sagt im Interview sehr viel über sich und sein künstlerisches Werk aus. Hier noch einige Ergänzungen aus seinem Vortrag beim Zermatter Symposium:

„Man muß sich selbst eine Wurzel geben."

„Es gibt zwei Dinge, um zu überleben: Musik und Bilder!"

„Nur das rein Subjektive, wirklich Gelebte ist eines Tages reif zum objektiv Betrachtbaren."

Alle Aussprüche und Gedanken dieser Künstler lassen die tiefe Sensibilität erahnen, die sie einerseits zu Außergewöhnlichem befähigt, andererseits jedoch auch gegen die Banalitäten des Alltags ankämpfen läßt.

Kehren wir zur Literatur zurück, wo der Bestsellerautor *Sten Nadolny* mit seinem Roman „Die Entdeckung der Langsamkeit" Pate stand für einen von Gabler organisierten Top-Management-Kongreß Anfang 1992.

Nadolnys Thesen versetzen in Nachdenklichkeit, stehen sie doch so ganz im Gegensatz zu den üblichen Managementpraktiken:

Entgegen der allgemeinen Meinung hält Nadolny Schnelligkeit bei Turbulenzen eher für hinderlich als nützlich. Genaue Beobachtung der uns umgebenden Dinge und Umstände, Reflexion und Offenheit sind nur einige ‚Musts', um in den Wirrnissen des Berufsalltags nicht unterzugehen.

„Es gibt eine Dialektik, die zu durchschauen nützlich ist: was in Monaten vorbereitet wurde, zahlt sich in Minuten aus, und was in Sekunden verkehrt gemacht wird, beeinflußt ganze Jahre negativ. Daher ist es angebracht, sich sowohl auf Jahre als auch auf Sekunden einzustellen: durch ein Zeitmanagement, das sorgfältige Navigation mit Reaktionsschnelligkeit verbindet. Der Führungsstil, der sowohl das vertraute Dauernde als auch den Umgang mit plötzlichen Gefahren (und Chancen!) integrieren kann, ist wache, vitale, ‚vibrierende' Langsamkeit." (Nadolny)

Und weiter: „Aber vor allem, wenn wir ganz bewußt die eigene Geschichte erleben und vorleben, gewinnen wir viel. Schon Niederlagen werden erträglicher und zugleich beherrschbarer, wenn wir sie in eine Geschichte (mit möglichst positivem Ausgang) einzuordnen verstehen. Wer die eigene Vita, aber auch die Lebenskurve der Firma, des Wirtschaftszweiges, des Landes, der Menschenwelt insgesamt wie eine ‚Story' mit Anfang und Ende sehen kann, hat eine Perspektive, die zwar nicht die Verhältnisse, wohl aber sein Handeln sicherer macht. Wer ‚erzählerisch' wahrnehmen und entscheiden kann, wird Turbulenzen angstfrei für seine Reise nutzen können, statt ihnen zum Opfer zu fallen."

Dies ist ein ganz neuer Aspekt – fast ein poetischer Touch, der Freiräume zu schaffen weiß, sachlich und persönlich.

In dieselbe Richtung wies der Vortrag von *Peter Zürn,* Leiter der Baden-Badener Unternehmergespräche:

Seine Thesen lauteten:

- Richtung weisen kann nur, wer selbst Richtung hat; Mittelpunkt kann nur sein, wer selbst in seiner Mitte ruht.
- Gelassen kann nur sein, wer sein Ich gelassen hat; wer leicht außer sich gerät, sollte mehr in sich gehen.
- Führung ist Vorbild in Handlung und Haltung aus der gelebten Verbindung von personaler Substanz mit transpersonaler Struktur und Kultur.
- Nicht Red-Seligkeit, sondern Schweig-Heiligkeit führt zum Gelingen echter communio im Sakrament des Augenblicks.
- Im Auge des Orkans ist es am ruhigsten – Leadership is calmness under stress (Dana Schuppert u. a., Hrsg., Langsamkeit entdecken, Turbulenzen meistern, Wiesbaden).

„*Kreativität ist eine Reise,* die erst beginnt, wenn man das Ziel (aus den Augen) verliert. Denn Ziele besetzen und steuern unsere Erfahrungen. Der kreative Motor ist die Neu-Gier, und nicht ein Sollzustand." (Eike Gebhardt, Abschied von der Autorität).

Daher kann man auch mit Sicherheit sagen, daß Kreativität ‚an sich' keine kontinuierliche, stetige Größe ist, mit der ein schöpferisch begabter Mensch von vornherein rechnen kann. „Es gibt zahlreiche Hinweise darauf, daß selbst die größten Wissenschaftler und Künstler im Laufe ihrer Karriere nicht gleichbleibend kreativ sind." (Weisberg)

Somit stellt sich die Frage nach den *Persönlichkeitsmerkmalen* kreativer Menschen.

Weisberg hat sich eingehend damit befaßt und schreibt: „Ein bestimmter Persönlichkeitstypus begünstigt eine kreative Leistung vielleicht nur im Zusammenhang mit einem spezifischen Problem und dann auch nur unter ganz bestimmten äußeren Bedingungen. Einerseits können dieselben Persönlichkeitsmerkmale, die für die kreative Leistung in einer bestimmten Situation als notwendig angesehen wurden, in einer anderen Situation die kreative Leistung tatsächlich beeinträchtigen. Damit wird es problematisch, bestimmte Merkmale als notwendige Voraussetzung für die kreative Leistung zu postulieren."

Weisberg kommt deswegen zur Schlußfolgerung: „Aus verschiedenen Versuchen mit kreativen und nichtkreativen Menschen ergab sich, daß die ‚gesamte Persönlichkeit' eines Menschen verändert werden muß, um kreativ sein zu können.

Vereinfacht läßt sich allerdings soviel sagen, daß allen kreativen Menschen folgende *Fähigkeiten* zu eigen sind:
- breites Interessenspektrum
- Unabhängigkeit von Kritik
- Selbstvertrauen
- Intuition
- die Gewißheit, kreativ zu sein.

Insbesondere der letzte Punkt ist von großer Bedeutung. Aus Erfahrung wissen wir, daß das eigene Selbstbild unmittelbar in das künstlerische Produkt mit einfließt!

Interessanterweise unterscheidet jedoch Weisberg *Kreativität bei Wissenschaftlern und Künstlern.*

Erstere zeichnen sich durch eine große Flexibilität innerhalb gegebener Regeln und bei neuen Gebieten aus. Hinzu kommt eine überraschende Sensibilität für Probleme. Diese Art von Wissenschaftlern weiß immer genau, welche Probleme in Angriff zu nehmen und welche zu vernachlässigen sind.

„Die Bedeutung dieser Sensibilität zeigt sich auch in Einsteins vielzitierter Äußerung, daß Kreativität in der Wissenschaft voraussetze, *vor* der Suche nach Antworten zunächst einmal die richtigen Fragen zu stellen!" (Weisberg)

Der kreative, geniale Wissenschaftler weiß intuitiv, wann eine Forschungsarbeit fortzusetzen oder aufzugeben ist. So wies Adrian de Groot in einer Untersuchung mit Schachspielern nach, daß die guten Spieler keinerlei Zeit mit Nachdenken über unnütze Züge vergeudeten – schlechte Schachspieler dagegen verwendeten gerade hier sehr viel Zeit!

Dagegen weiß der kreative Künstler mit seinen Werken den Betrachter oder Leser emotional zu bewegen – bewußt oder unbewußt (intuitiv) setzt er sich gefühlsmäßig mit seiner Zielgruppe auseinander. Er hat das richtige Gespür, ob sein Werk die notwendige Akzeptanz erhalten wird oder nicht. Denn Auslösen von Gefühlen läßt immer auf Kreativität schließen!

Fassen wir bislang die Ausführungen hier zusammen, so lassen sich folgende *Merksätze* aufstellen:

1. Kreativität beinhaltet immer auch harte Arbeit an sich selbst und der vorliegenden Arbeit; Márquez nennt dies *Selbstdisziplin.*
2. Die Selbstfindung in der eigenen Person und der gestellten Aufgabe – nennen wir es ruhig die *totale Identifikation,* wie wir bei Messner und Hadid gesehen haben, führt zur Befreiung seiner selbst. Man fühlt sich glücklich bei der Erschaffung eines Werkes oder der Durchführung einer Aufgabe, die man jetzt kreativ lösen kann.
3. Kreative Momente, die man sich beispielsweise mit Musik, Bildern und ähnlichem gönnt, führen zu *neuen Freiräumen* und ermöglichen neue Denkstrukturen.
4. Bei wissenschaftlichen Arbeiten erbringt die Identifikation mit denselben die notwendige Vorgehensweise, das heißt, der Wissenschaftler weiß intuitiv, wann der richtige Zeitpunkt gekommen ist *aufzuhören oder weiterzumachen.*
5. Derselbe Vorgang spielt sich gewissermaßen beim Künstler ab: er weiß intuitiv seine zukünftige *Zielgruppe* mit seinem Werk *emotional zu erfassen.*

Hieraus ergibt sich die *Schlußfolgerung für jegliche Art von Management:*

Identifizieren Sie sich so weit wie möglich mit der Ihnen vorgegebenen Aufgabe, denken Sie sich in sie hinein, *gehen Sie eine Symbiose ein* – dann werden Ihnen die besten und kreativsten Lösungen in den Schoß fallen!

Werfen wir abschließend noch einen Blick auf das *Innovationsklima in Deutschland*.

Vergangenheit	Zukunft
Vertikale Integration	Innovation
Diversifikation	Konzentration auf das Kerngeschäft
Portfolio-Management	Desinvestition von Randbereichen
Synergie	interne Strukturoptimierung
Risikostreuung	Unternehmerischer Wagemut
Subventionierung von Geschäftsbereichen	Break-up-Value (Summe Einzelwerte größer Gesamtwert) Shareholder-Value
Matrixorganisation	Management-Holding
Eingliederung	Strategische Allianzen
Stäbe; Verrechnungspreise	Kooperation; Netzwerke
Zentraleinheiten	Profit-Center
Hierarchie	Selbstverantwortung

Quelle: TopBusiness, 6/1992, S. 82, Prof. Dr. Rolf Bühner, Universität Passau

Abbildung 2: Schwerpunkte strategischen Denkens

Während Innovation in der Vergangenheit nicht einmal erwähnt wurde, steht sie für die Zukunft an erster Stelle!

Dies muß als dringende Forderung verstanden werden – und vor allem von dem Unternehmen selbst!

Wie eine im Januar 1992 veröffentlichte Studie des IAI in Bochum (Peter Mühlemeyer, Personalmanagement in der betrieblichen Forschung und Entwicklung) zeigt, sind die Unternehmen noch weit entfernt, an eine pragmatische Umsetzung von Innovationen innerhalb ihrer Vergütungen zu denken.

60   Der geniale Mensch

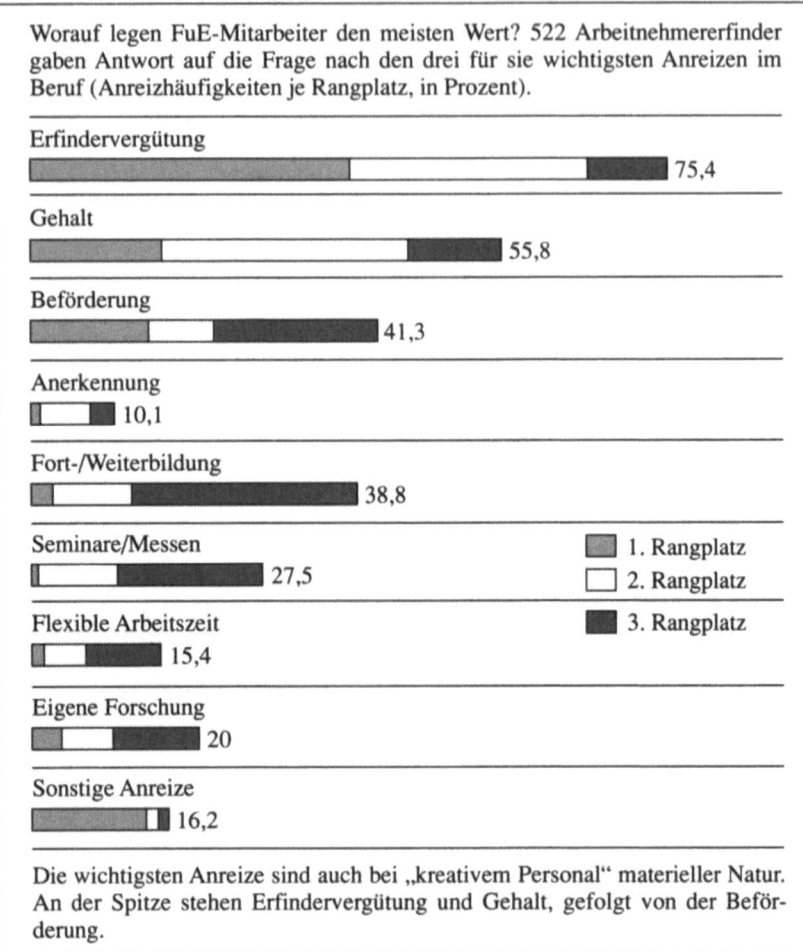

Quelle: Management Wissen, 3/1992, S. 18, Mühlemeyer

Abbildung 3:   Auch Kreative wollen Geld

Die Studie zeigt ganz klar, daß materielle Anreize unmittelbaren Einfluß auf die Karriere von Forschern und Entwicklern hat. „Sie sind vor allem Ausdruck der Leistungsanerkennung" (Mühlemeyer). Aber Geld ist nicht allein das treibende Element, eine Kombination von ‚Anreizvariablen' ist – laut Untersuchung – gefragt, sprich materiell und auf der Fort- und Weiterbildungsebene. Das Mittel der ‚Beförderung' ist hierbei nicht zu vergessen, doch leider bieten sich hier – mangels attraktiver, vakanter Stellen – wenig Möglichkeiten. Gerade bei letzterem sieht Mühlemeyer ein besonderes Anreizmittel für hochqualifizierte, kreative und karrierebewußte Wissenschaftler.

Großunternehmen fanden hier den Ausweg von Scheinbeförderungen ohne tatsächliche Kompetenzänderungen, ferner Aufbau von Parallelhierarchien (neben der traditionellen Linienorganisation) zur Ermöglichung einer wissenschaftlichen Laufbahn. Hier haben mittelständische Unternehmen noch besondere Anlaufschwierigkeiten, da ihnen naturgemäß die Ausweichmöglichkeiten fehlen.

Eine kürzlich veröffentlichte Studie der *Kienbaum-Unternehmensberatung* gibt weitere Aufschlüsse (Wirtschafts-Woche vom 24. 7. 92, S. 53):

„Besonders Pioniere, die sich auf unbekanntes Terrain vorwagen, kommen in Konzernen kaum noch zum Zuge. Immer öfter treffen ihre Vorschläge im Management auf detailverliebte, kurzfristig denkende Verwalter, von denen ‚erschreckend wenig Ideen ausgehen' und die Forschungsprojekte ‚mit besonders vielen Bedenken bremsen'." Und weiter: „Bei ungewöhnlichen Produkt- oder Verfahrensinnovationen, fand die Göttinger Studie heraus, behalten die Zauderer meist die Oberhand. ‚Entweder finden die Spezialisten in der Hierarchie einen mächtigen Verbündeten, der alle Widerstände beseitigt und die notwendigen Ressourcen bereitstellt', ‚oder die Entwickler schaffen durch gezielten Regelverstoß vollendete Tatsachen, um die fehlende Macht durch die Macht des Faktischen zu ersetzen'".

Das Unternehmen 3 M fand seine eigene Lösung hierfür – ohne allzu großen internen Wogenschlag: das Management legalisierte das sogenannte Bootlegging, indem die Techniker bis zu 15 Prozent ihrer Arbeitszeit in Projekte ihrer eigenen Wahl investieren dürfen. Arthur Fry und Spencer Silver – zwei Forscher – entdeckten so nebenbei den abziehbaren Notizzettel ‚Post-it' und verhalfen damit ihrem Unternehmen zu einem zusätzlichen Milliardenmarkt!

Ein Blick auf den zukünftigen *Europa-Markt* als Verbraucher-Markt und die Frage ‚nach tatsächlichen und scheinbaren Gemeinsamkeiten', wie das *Trend-Magazin gdi impuls* (eine Publikation des Gottlieb Duttweiler Instituts für Entscheidungsträger in Wirtschaft und Gesellschaft, Rüschlikon) so schön formuliert:

Hier werden fünf entscheidende Gruppen ausgemacht:

- Die erfolgreichen Idealisten
- Die gutbetuchten Materialisten
- Die bequemen Durchschnittsbürger
- Die fleißigen Optimisten (nur in Südeuropa)
- Die frustrierten Überlebenden

	Frankreich	Benelux	Deutschland/Österreich	Schweiz	Skandinavien	Griechenland	Portugal	Spanien	Italien	Großbritannien
					in %					
Erfolgreiche Idealisten	12	13	15	15	20	1	4	4	8	10
Gutbetuchte Materialisten	20	31	35	40	25	7	15	17	17	20
Bequeme Durchschnittsbürger	46	46	40	40	50	37	28	30	30	45
Fleißige Optimisten	–	–	–	–	–	25	23	28	25	–
Frustrierte Überlebende	22	10	10	5	5	30	30	21	20	25

Quelle: gdi impuls 1/91, S. 41

Abbildung 4: Verteilung der Gruppen

Wie sieht nun die Entwicklung der nächsten Jahre bezüglich dieser Gruppeneinteilung aus?

Es gibt ähnliche Verbrauchergruppen, die erfolgreichen Idealisten und die gutbetuchten Materialisten werden sich jedoch besonders verstärken. Drei Komplexe lassen sich hierbei ausmachen:

– Die Selbstverwirklichung
– Der Anti-Materialismus
– Die Ökologie

„Die derzeitigen erfolgreichen Idealisten werden an der Spitze dieser Bewegung stehen. Sie werden weiterhin bestrebt sein, sich fortzuentwickeln, sowohl physisch (gesunde Ernährung) als auch geistig (Kunst, Philosophie). Hiermit wird die Ablehnung offen zur Schau gestellter materialistischer Werte einhergehen und die Sorge für die Unterprivilegierten dieser Welt, solange keine Unannehmlichkeiten für sie selbst damit verbunden sind.

... Man wird subtilere Formen finden müssen, um materiellen Wohlstand zu demonstrieren, und es wird zu einer Aufwertung geistiger Güter kommen. In Südeuropa wird es zu einer ähnlichen Verlagerung des Gleichgewichts zwischen den beiden Elite-Gruppen – wie in Nordeuropa – kommen. Allerdings wird es einigen aus der Kategorie der bequemen Durchschnittsbürger gelingen, in die Gruppe der gutbetuchten Materialisten überzuwechseln." (gdi impuls)

Die Forderung für ein ‚Euro-Marketing' heißt somit:
- Denke lokal!
- Plane global!
- Handle fokal!

Kreativität selbstverständlich mit eingeschlossen!

1.4 Kreativitätstraining

„Also können wir uns darauf verlassen: Was alt geworden ist, kann so schlecht nicht gewesen sein, hat es sich doch im Lauf der Zeit gegen alle Widerstände durchgesetzt. Vom Neuen wissen wir nicht einmal, ob es den nächsten Tag noch erlebt. Ergo: Mißtrauen wir unseren Einfällen!"

Gerd Achenbach, Philosoph

Der Zwang, kreativ zu sein, nahm in den letzten Jahren überhand. Kreativität war in aller Munde – nicht zuletzt bei professionellen – und nicht professionellen Management-Seminaranbietern. Das Potential ‚Kreativität' war überall und nirgendwo – wie konnte man es festmachen? An wem und an was? Wo war der Maßstab des Meßbaren – wenn der Erfolg nicht schon vorher da war?! Die kreative Welle schwappte über – und trug uns fort. Wohin? Ein geschichtlicher Rückblick wird uns weiterhelfen.

Bereits in den fünfziger Jahren befaßte sich der Psychologe *J. P. Guilford* mit neuen Meßverfahren zur Erfassung der menschlichen Kreativität. In seiner berühmt gewordenen Rede, die er 1950 als Präsident der American Psychological Association hielt, stellte er seine eigene Theorie und psychologische Tests vor, um damit nachhaltig zum Ausdruck zu bringen, wie sehr diese Überlegungen bislang in der Psychologie vernachlässigt worden waren.

Guilford ging davon aus, daß jeder Mensch bestimmte Merkmale aufweise, die sehr eng mit der Kreativität gekoppelt seien. Eine hiervon ist die Sensibilität – und zwar bezogen auf bestimmte Sachen. Beispielsweise ließ er die

Testpersonen zu einem vorgelesenen Text beliebig viele Kommentare machen oder Fragen stellen. Dies sagte viel über deren Einfühlungsvermögen aus.

Ferner spielt der sogenannte Ideenfluß eine entscheidende Rolle. Mit anderen Worten: wie schnell und wie viele originäre Ideen bei jedem einzelnen abrufbar sind. Dies schließt naturgemäß auch eine gewisse Flexibilität des Denkens mit ein. Zu den wichtigsten Fähigkeiten für Kreativität gehören jedoch zwei Denkweisen:

– die divergente und
– die konvergente.

Die divergente Denkungsweise ist mit *de Bonos* lateralem Denken – siehe die späteren Ausführungen – gleichzusetzen. Diese Art von Denken beinhaltet freie Assoziationen im Zusammenhang mit dem anstehenden Problem. Gewöhnliche Logik hat hier nichts zu suchen, vielmehr sind Phantasie und ungewöhnliche Vernetzungen gefragt.

Beim konvergenten Denken werden alle Informationen mit dem zusammenhängenden Problem gesucht, um dann aus der Vielfalt der Informationen die einzig richtige Antwort – mit Hilfe der Logik – abzuleiten.

In diesem Zusammenhang erinnere ich an das Interview mit Helmut Maucher: er beherrscht diese Art des kreativen Denkens perfekt!

Mit diesen Erkenntnissen lieferte Guilford die theoretische Grundlage für das Kreativitätstraining im Management und in der Industrie.

Bereits im Jahre 1967 schrieb *Edward de Bono* (ich schrieb ausführlich über ihn in: Führung und Magie, 1992) den Bestseller „In 15 Tagen Denken lernen". Der Titel fasziniert, denn wer wollte dies nicht können, und dazu noch in so kurzer Zeit!

„Die meisten Menschen machen sich über das Denken nicht mehr Gedanken als über das Gehen oder das Atmen. Denken wird gewissermaßen als ein natürlicher Vorgang angesehen, und man gibt sich mit den eigenen Denkfähigkeiten zufrieden. Die verschiedenen Arten zu denken weisen jedoch weit mehr individuelle Eigenart auf und sind bei einzelnen Menschen so verschieden ausgeprägt, daß der Schluß naheliegt, Denken sei eine Fertigkeit, für die etwas getan werden kann." (de Bono). Daher empfiehlt er auch: „Über etwas nachzudenken ist die einzige Möglichkeit, über das Denken nachzudenken, und nur wenn man einen geeigneten Anlaß zum Denken hat, kann man sich über den Wert des eigenen Denkens ein Urteil bilden."

Nur *eine Aufgabe* möchte ich herausnehmen, um zu zeigen, was de Bono hiermit meint:

Man nehme:

- vier normal große leere Sodawasser-Flaschen
- vier Tafelmesser (am besten mit flachseitigen Griffen und – aus Gründen der Sicherheit – mit abgerundeten Spitzen)
- ein mit Wasser gefülltes Trinkglas.

Stellen Sie drei Flaschen aufrecht auf einen Tisch oder auf den Fußboden. Ordnen Sie sie so an, daß jede Flasche einen der Eckpunkte eines gleichseitigen Dreiecks bildet. Der Abstand zwischen den Grundflächen von je zwei Flaschen sollte ein wenig größer sein als die Länge eines Messers.

Konstruieren Sie unter Verwendung der nur vier Messer eine Plattform, die auf den Flaschen ruht. Die Plattform muß stark genug sein, um ein volles Wasserglas tragen zu können.

Das ist die Aufgabe. Sie können an sie herangehen, wie Sie möchten. Sie können sie mit Hilfe der Logik in Angriff nehmen oder mit den Messern herumspielen, bis irgend etwas dabei herauskommt. Sie können darauf warten, daß Ihnen die Lösung zufällt, oder Sie können zielstrebig nach ihr forschen, Sie können sogar zu dem Schluß kommen, daß es keine Lösung der Aufgabe gibt. So wörtlich de Bono!

Die Lösung sieht folgendermaßen aus:

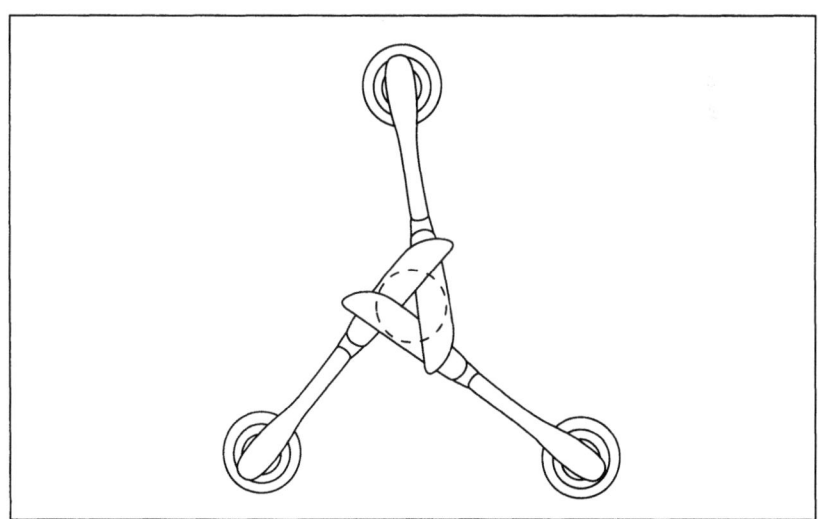

Entnommen dem Titel „In 15 Tagen Denken lernen" von Edward de Bono, erschienen im Wilhelm Heyne Verlag, München

Abbildung 5: Lösung der Drei-Flaschen-Aufgabe

Sie ist sehr einfach – nur muß man eben darauf kommen! Daß man ein Messer weglassen kann, ist implizit in der Aufgabe enthalten – ‚nicht mehr als vier Messer' ist die Vorgabe, von weniger ist nichts gesagt!

De Bono: „Woran könnte es liegen, daß es auch nur die geringsten Schwierigkeiten macht, auf eine so einfache Lösung zu kommen? Vielleicht wenden wir, wenn wir glauben, wir denken, in Wirklichkeit nur vorgefertigte Erfahrungsmodelle an. Hätte sich ein solches Modell für diese Aufgabe geeignet, wäre die Lösung tatsächlich einfach gewesen. Vielleicht haben irgendwelche scheinbar anwendbaren Modelle der Lösung eher im Wege gestanden, als daß sie zu ihr beigetragen haben."

Erkenntnis:
- Es ist wichtig, zunächst nichts als gegeben hinzunehmen.
- Der Weg zur Lösung kann schwierig sein, wenn die Erfahrung kein Modell bereithält.
- Modelle, wie sie von der Erfahrung oder vom gesunden Menschenverstand bereitgehalten werden, können, wenn sie unbrauchbar sind, die Lösung sogar verhindern.
- Praktisches Herumprobieren kann ebenso erfolgreich sein wie logisches Vorgehen.

In seinem Buch „Chancen, Das Trainingsmodell für erfolgreiche Ideensuche", befaßt sich de Bono vor allem mit einer veränderten Wahrnehmungsebene, die wir uns aneignen müssen, um *Chancenpotentiale* zu erkennen und umzusetzen.

Hierzu ein Schaubild:

Hier sind vier Situationen aufgezeigt, links im Bild der Betrachter und Betroffene, rechts im Bild ‚die Chance'.

1. Situation: Die Chance wird überhaupt nicht wahrgenommen, da wir uns in unser eigenes Schneckenhaus zurückgezogen haben.

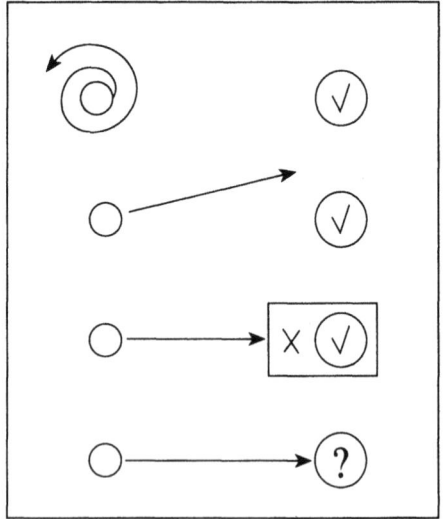

Quelle: Edward de Bono, Chancen, Düsseldorf, 1989, S. 83

Abbildung 6: Chancenpotentiale erkennen

2. Situation: Wir bemühen uns, nach einer Chance auszuschauen, blicken aber in die falsche Richtung.
3. Situation: Hier schauen wir zwar in die richtige Richtung, können jedoch die Chance nicht erkennen, da wir sie unter falschen Voraussetzungen betrachten – oder weil sie von anderen Umständen „zugedeckt" ist.
4. Situation: Hier sehen wir die Chance, können sie aber nicht sofort in unsere Gegebenheiten einordnen und müssen über ihren Wert und die Umsetzung erst nachdenken.

Eine witzige Bemerkung von de Bono hierzu:

„Der vernünftigste Weg, das Nachdenken über Chancen zu vermeiden, geht von der Annahme aus, daß ein anderer dafür zuständig ist!"

Anleitung:
- Entschließen Sie sich, Zeit und Mühe auf die gezielte Suche nach Chancen zu verwenden.
- Machen Sie eine genaue Untersuchung, die es Ihnen erlaubt, die Richtungsbreite zu erweitern, anstatt eine einzige Richtung zu sehr in die Tiefe zu verfolgen.
- Wenn irgend etwas auftaucht, bemühen Sie sich, es von verschiedenen Seiten zu betrachten (laterales Denken), ehe Sie sich etwas Neuem zuwenden.
- Nehmen Sie sich Zeit für die gezielte Suche nach dem Gewinnpotential einer Situation, anstatt immer zu erwarten, daß die Gewinne ganz offensichtlich sind. (de Bono)

Ein *‚Bewegungsbild des Denkens'* dürfte in diesem Zusammenhang interessant sein (siehe Abbildung 7, S. 68).

In der ersten Figur sind Erfahrung und Fortfahren eine stetige Bewegung in einer Richtung, das heißt, aus einer Idee entwickelt sich eine neue, und so fort.

Bei der zweiten Figur kommt in die Bewegung noch ein weiteres Element hinzu, das der Überlegung und Entscheidung, was wir tun werden, wo wir sein möchten – eine gesamte Analyse der jeweiligen Situation sozusagen! Wir entwickeln ein gesamtes Szenario mit allen Möglichkeiten und Chancen, sehen so die Konsequenzen bereits im vorhinein, können unsere Entscheidungen sodann ändern, Chancen und Ideen umwandeln, in einen anderen Kontext stellen – kurzum wir haben eine Plattform für neue Möglichkeiten geschaffen!

Der bekannte Bestsellerautor von „Anleitung zum Unglücksein", *Paul Watzlawick,* Kommunikationsforscher und Psychotherapeut in Palo Alto, Kalifornien, hat sich ebenfalls den Ansatz der verschiedenen Wahrnehmungsebenen zu eigen gemacht. Die Titel seiner weltbekannten Bücher „Wie wirklich ist die Wirklichkeit?" und „Die erfundene Wirklichkeit" sagen dies bereits aus.

68 Der geniale Mensch

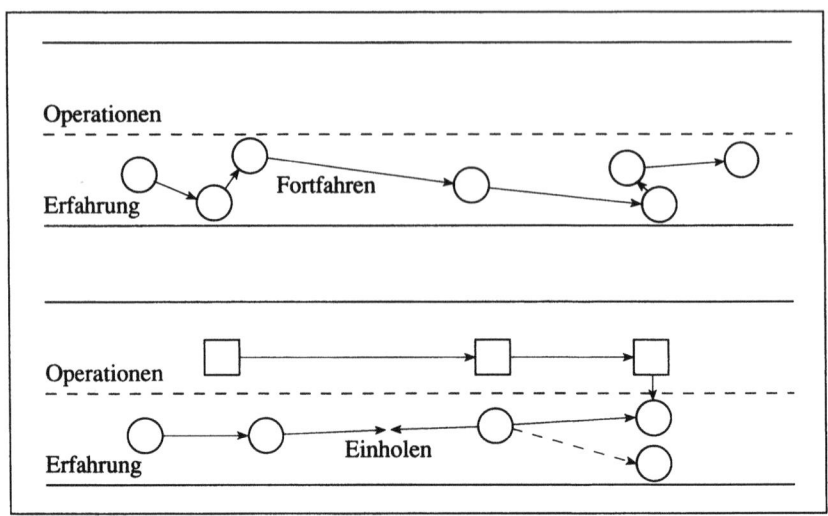

Quelle: Edward de Bono, Chancen, Düsseldorf, 1989, S. 181
Abbildung 7: Bewegungsbild des Denkens

Er bevorzugt daher mehr das laterale, divergente Denken im Gegensatz zum logischen Denken. Dies ist die Grundlage seiner Psychotherapie und Kommunikationslehre, denn was nützt es, wenn ich allein von meinem Standpunkt und Denkschema ausgehe und mein Gegenüber dadurch vernachlässige – eine wirkliche Kommunikation ist Geben und Nehmen, Reden und Hören auf Dialogebene. „Wer einsieht, daß er seine Wirklichkeit selbst konstruiert, der ist wirklich frei. Er weiß, daß er seine Wirklichkeit jederzeit ändern kann. Und er ist konzilianter als andere, weil er weiß, daß er die Wirklichkeiten der anderen respektieren muß. Und schließlich ist ein solcher Mensch im besten ethischen Sinne *verantwortlich*. Denn er kann sein Handeln nicht mit dem Hinweis auf Sachzwänge oder das Handeln anderer rechtfertigen. – Er muß sich stets die Frage stellen, was zu tun sei, um eine Situation zu verschlechtern, ein Problem zu vertiefen. So, wie Ärzte manchmal die richtige Therapie dadurch finden, daß sie sich fragen, auf welche Weise der Zustand eines Patienten verschlechtert werden könnte. Der negative Ansatz hilft, unerwünschte Kausalverläufe zu vermeiden. Wenn ein Unternehmer zum Beispiel einen geschäftlichen Abschluß anstrebt, sollte er folglich fragen, was er tun müßte, um ihn zu vereiteln!" (Auszug aus einem Interview in Management Wissen 7/92)

Dies ist in der Tat ein mehr als ungewöhnlicher Ansatz, Probleme anzugehen und zu lösen!

Und noch einmal Originalton Watzlawick: „Es gibt keine objektiven Wahrheiten. Wenn jemand Informationen bekommt, dann wertet und interpretiert er sie. Er konstruiert auf diese Weise seine Wirklichkeit. Die Vertreter dieser Denkschule, die Konstruktivisten, sagen deshalb, man könne bestenfalls wissen, wie die Wirklichkeit nicht sei. Und auch das begreife man nur, wenn die konstruierte Wirklichkeit zusammenbreche."

Wir befinden uns auf ‚brüchigem Boden' – kehren wir in ‚unsere Wirklichkeit' zurück, wo *Gerald Nadler*, Professor für Engineering Management an der Universität von Southern California, und *Shozo Hibino*, Professor für Planung und Design an der Chukyo University, Japan, in einer umfangreichen Umfrage in USA und Japan kreative Problemlöser nach ihren Lösungsstrategien befragt haben.

Sie konnten demnach sieben Prinzipien aufstellen und auf einige Denkfallen hinweisen.

Die sieben Lösungsprinzipien:

1. *Einmaligkeit* – da jedes Problem in sich einmalig ist, verlangt es nach einer spezifischen Lösung.
2. *Zielgerichtetes Vorgehen* – Konzentriertheit auf das Ziel setzt unwesentliche Aspekte eines Problems außer Kraft.
3. *Vorausschau* – wer eine Lösung für künftige Probleme weiß, kann mit gegenwärtigen Problemen effizienter umgehen, da er diese in das übergeordnete Ziel einzubinden weiß.
4. *Systemansatz* – jedes Problem gehört einem größeren Problemkreis innerhalb des Systems an. Hat man eine klare Vorstellung über die Bestandteile und das Ausmaß einer Lösung im Auge, kann man dieses besser ein- und umsetzen.
5. *Maßhalten beim Informationensammeln* – wenn man zuviel an Informationen besitzt, läuft man Gefahr, schwieriger auf Alternativlösungen zu stoßen.
6. *Einbezug der Betroffenen* – diejenigen, die die gefundenen Lösungen umsetzen sollen, müssen eng und fortdauernd einbezogen werden. Falls es darum geht, Problemlösungen für andere zu entwickeln, darf der Ansatz nur die wichtigsten Details beinhalten, um den Anwendern den nötigen Freiraum zu gewähren.
7. *Kontinuierliche Verbesserung* – der dauernde Wandel muß sozusagen implizit bei der Lösung vorprogrammiert sein.

Nadler und *Hibino* programmieren dieses *Breakthrough-Denken* mit völlig neuen Lösungsansätzen und Denkweisen – ein Brückenschlag zwischen verfügbarem Wissen und dessen systematischer Anwendung.

„Eine solche Idee kommt selten wie ein Blitz aus heiterem Himmel. Vielmehr entsteht sie durch entsprechende geistige Vorbereitung. Mit dem Breakthrough-Denken wird sozusagen das geistige Fundament für ein neues Konzept oder eine zündende Idee gelegt."

Diese Ideenfindung steht ganz im Gegensatz zum westlichen Denken, wo rationale, analytische, kategorisierende und quantifizierbare Maßstäbe angelegt werden.

Bei ihren Befragungen konnten sie *fünf entscheidende Faktoren* zur Durchführung feststellen. Alle kreativen Problemlöser gingen affektiv vor:

1. Sie hatten eine zielgerichtete, vorausblickende Strategie.
2. Sie präsentierten ihre Ideen und Lösungen als System – mit allen dazugehörenden Elementen.
3. Sie bezogen die Direktbetroffenen in die Lösungsfindung und -anwendung mit ein.
4. Sie bedienten sich einer Vielfalt von Informationen und Wissen.
5. Sie sorgten für einen kontinuierlichen Wandel und ständige Verbesserungen.

„Es ist geradezu paradox, daß die Amerikaner zwar die Grundlagen für effiziente Problemlösungen aufgrund der Vorgehensweisen erfolgreicher Denker und der Prinzipien des Breakthrough-Denkens formuliert haben, daß sie jedoch in Japan wesentlich häufiger eingesetzt werden, und die Japaner damit ihre bereits gute Problemlösungssituation weiter verbessern."

Die Bedrohung der ‚japanischen Herausforderung' hat auch hier ihren Einfluß geltend gemacht!

Die beiden Autoren Nadler und Hibino (veröffentlicht in: gdi impuls 3/91) sagen:

„Wer sich an die sieben Prinzipien des Breakthrough-Denkens hält, fällt auch nicht so leicht auf die sieben Mythen der Problemlösung herein."

Folgende Denkfallen listen sie auf:

- *Altruismus.* Arbeitsqualitätsprogramme sind zum Wohl der Mitarbeiter. Goodwill ist ein Nebenprodukt eines effizienten Arbeits-Qualitätsprogramms. Niemand mag es, wenn einem etwas ‚gönnerhaft' zugestanden wird!
- *Experten wissen alles.* Arbeits-Qualitätsprogramme sind quantifizierbar und können Experten überlassen werden. Die Wissenschaft braucht objektive und neutrale Daten sowie ein einheitliches Vorgehen bei Experimenten. Dieser Ansatz ist für die Einführung eines neuen Gestaltungsprogramms wenig geeignet, vielmehr wollen die Mitarbeiter von Anfang an ‚in das Experiment

mit hineingenommen' werden. „Dies ist nicht nur eine freundliche Geste gegenüber den Mitarbeitern, sondern ein wesentlicher Faktor, um sicherzustellen, daß die zusammengetragenen Daten nicht völlig realitätsfremd sind."
- *Schnappschuß.* Die Umsetzung einer Lösung ist ein ad-hoc-Prozeß, der keiner großen Planung bedarf. Wer etwas Neues schaffen will, muß sich von altem Ballast befreien. ‚Schnappschüsse' vorher und nachher garantieren dies keinesfalls.
- *Soforterfolg:* Wenn ein Arbeits-Qualitätsprogramm erst einmal verabschiedet und eingeführt ist, ist die Durchsetzung und Umsetzung kein Problem mehr.

Die Akzeptanz ist eine unabdingbare Grundvoraussetzung, um etwas Neues einzuführen! Weckt man Neugier und Phantasie, wird der Umsetzung aller Betroffenen nichts im Wege stehen.
- *Kopieren.* Hat sich so ein Programm in einem Unternehmen gut bewährt, funktioniert es auch woanders.

Hierbei wird vergessen, daß das System die Vorgabe ist, in die das Neue implementiert wird. Jedes System in den einzelnen Unternehmen ist ein anderes!
- *Typisierung.* Die Reaktionen der Mitarbeiter können durch Studien eindeutig vorhergesagt werden.

Jedes menschliche Lernen ist anders – und, wie wir gesehen haben, auch das Denken. Freiräume werden durch Typisierung ‚erschlagen' – Kreativität erstickt.
- *Abteilung XY.* Zur Einführung des Arbeits-Qualitätsprogrammes muß eine besondere Abteilung geschaffen werden! Das Unternehmen muß als Ganzes einbezogen werden – und nicht nur eine Abteilung! Umfassende Planung und Verbesserung der Arbeitsstruktur müssen die Folge eines solchen Programmes sein.

Hier sollten wir eine persönliche Denkpause einlegen, um unsere Lösungsstrategien zu überprüfen.

Eine überaus beliebte Methode des Kreativitätstrainings ist *das Brainstorming.* Dies geht auf den Amerikaner *Alex Osborn* zurück, der in vielen Seminaren, Vorträgen und Büchern diese Methode verbreitet hat (in den 50er Jahren!).

Osborn geht davon aus, daß jeder Mensch kreativ sein kann, wenn er nur will – und seine Blockaden aufbricht. Seiner Meinung nach gibt es einen urteilenden und einen kreativen Geist, die jeder Mensch hat und die in Widerspruch zueinander stehen können. Durch die ständige, wertende Beurteilung aller Fakten und Umstände, kann die kreative Kraft nicht hervorbrechen. Brainstorming soll den Weg hierfür freimachen!

Für Brainstorming gelten vier allgemein gültige Regeln:

1. Jegliche Kritik ist auszuschließen, jede Idee ist willkommen und wird vorerst nicht beurteilt.
2. Auch wilde Phantasien sind erwünscht. Niemand muß sich Grenzen auferlegen.
3. Quantität ist gefragt, je mehr Ideen, desto besser.
4. Auch Verbesserungsvorschläge sind willkommen. Jeder Teilnehmer ist befugt, die Ideen anderer zu verändern und zu modifizieren.

Diese Regeln sollen den freien Gedankenfluß fördern und beschleunigen. Keinerlei Hemmungen sind den einzelnen Gruppenteilnehmern auferlegt. Aufgabe ist es, möglichst viele Ideen zu produzieren.

Jede Brainstorming-Gruppe (bis zu 20 Personen) hat einen Gruppenleiter, der eine vertrauensvolle Atmosphäre schafft und eventuelle Fragen klärt. Vor allem ist er für die ‚Ideenproduktion' in die richtige Richtung verantwortlich.

Weisberg hierzu: „Die Technik des Brainstorming dient dem Versuch, Kreativität durch die Erleichterung der Ideenproduktion zu fördern. Das wird erreicht, indem man Kritik zurückstellt, bis eine Vielzahl von Ideen produziert ist, und zwar einschließlich der Ideen, die zunächst eher lächerlich zu sein scheinen. Diese Einschränkung der Kritik und der aktive Ideenaustausch zwischen verschiedenen Teilnehmern scheinen insofern sinnvoll zu sein, als eine Gruppe auf diese Weise viele neuartige und potentiell wertvolle Ideen produziert – Ideen, die ein einzelner urteilender Mensch allein nicht entwickeln könnte. Doch sollten diese scheinbar vernünftigen Annahmen eingehend überprüft werden."

Bitte beachten Sie den Konjunktiv – Weisberg meldet hier an sich Kritik an!

So führt er in seinem Buch (Kreativität und Begabung) eine Reihe von Studien an, die der Effizienzüberprüfung des Brainstormings dienen sollten.

In einer Untersuchung von Marvin Dunette, John Campbell und Kay Jastaad mußten 48 Probanden in zwölf Vierergruppen die vorgelegten Aufgaben – und in einer Parallelgruppe 48 Probanden (ohne Zwischenaufteilung) dieselben Aufgaben lösen. Die Antworten der zweiten Gruppe wurde anschließend nach dem Zufallsprinzip in zwölf Vierergruppen zusammengefaßt, um so eine Vergleichbarkeit zur ersten Gruppe herzustellen.

Erstaunlicherweise war das Ergebnis der zweiten Gruppe effizienter als das der ersten. Bis zu 30/40 Prozent mehr Lösungen wurden angeboten, die auch qualitativ höher lagen als die der ersten Gruppe!

„Daraus kann man schließen, daß eine der Grundannahmen, die für das Brainstorming sprechen soll, eindeutig falsch ist. Problemlöser in Gruppen zusammenzufassen, fördert die Ideenproduktion nicht, und je größer die Gruppe wird, desto größer wird auch die Interferenz." (Weisberg)

Ein Schaubild soll dies noch verdeutlichen:

Instruktionen	insgesamt produzierte Ideen (Durchschnitt)	gute Ideen (Durchschnitt)	Anteil der guten Ideen (in Prozent)
Standard-Brainstroming (Ideen, anschließend Bewertungskriterien)	15,1	4,37	29
umgekehrtes Brainstorming	15,0	3,67	24
nur Kriterien	9,8	3,11	32

Quelle: Robert W. Weisberg, Kreativität und Begabung, Heidelberg, 1990, S. 93

Abbildung 8: Ergebnisse der Brainstorming-Studie

Ganz klar produzierten die Gruppen mit Brainstorming mehr Ideen als die anderen. Weisberg ergänzte allerdings die Studie von John Brilhart und Lurence Jochem dahingehend, daß er in der letzten Spalte prozentual die *guten Ideen* berechnet hat. Und hier zeigt sich eindeutig, daß die Kriterien-Gruppe (Einzelgänger) zwar insgesamt die wenigsten Ideen, aber den höchsten Prozentsatz von guten Ideen produziert hat!

Weisberg weist nach (die Ausführungen würden hier zu weit führen), daß Kreativitätserzeugung wohl auf divergentem (lateralem) Denken beruht und somit das Brainstorming unter gewissen Umständen seine Berechtigung hat, aber im Bereich der Wissenschaft das divergente Denken keine Rolle spielt. *Somit entfällt beim kreativen wissenschaftlichen Denken das Brainstorming* (laut Forschungsberichten).

„Obwohl jemand ein Problem aus meiner Sicht unter einem ‚neuen Blickwinkel' lösen mag, muß dieser Blickwinkel ‚von ihm aus gesehen' nicht neu sein.

74 Der geniale Mensch

In diesem Fall ist es vielleicht gar nicht möglich, selbst diese neue Perspektive herauszubilden, denn man müßte sich dann eigentlich in eine andere Person verwandeln können und über deren Wissen verfügen, bevor man einen neuen Problemansatz entwickeln könnte. Doch dann wäre diese Perspektive nicht neu, weil es sich ja um erworbenes Wissen handeln würde." (Weisberg, ebenda)

Paul Watzlawick läßt grüßen! Hiermit ist die Effizienz des Brainstorming nur bedingt anwendbar.

„Ihr Geist ist besser als Sie denken", proklamiert der Engländer *Tony Buzan*, der mit seinen *Mind Mapping*-Seminaren in den letzten Jahren viel von sich reden machte. Noch heute ist er bei den großen Seminaranbietern sehr beliebt, verspricht er doch Kreativität schlechthin.

Wir wissen alle, daß die zwei Seiten unseres Gehirns verschiedene Funktionen beinhalten.

Auf der linken Seite dominieren Sprache, Logik, Zahlen, Linearität und Analyse, auf der rechten Seite haben Rhythmus, Musik, Bilder, Phantasie, Wachträumerei, Farben und Dimensionen ihren Platz.

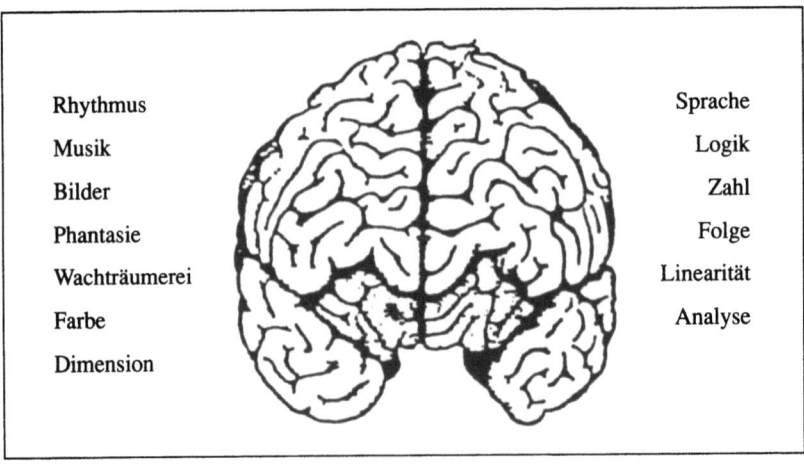

Quelle: Tony Buzan, Kopftraining, München, 1984, S. 17

Abbildung 9: Die zwei Seiten unseres Gehirns und ihre Funktionen (Vorderansicht)

Meist setzen wir nur die eine der Gehirnhälften bei unseren Betätigungen ein – Ziel ist es, beide Gehirnhälften in einem synergetischen Effekt zusammenzubringen, um damit die Effizienz zu steigern.

Buzan hat hierfür das Mind-Mapping entwickelt, kommt dies unserer Hirnstruktur doch am nächsten!

Wort und Schrift galten bislang als lineare Prozesse. Setzen wir jedoch das Mind-Mapping an, so bieten sich folgende Vorteile (nach Buzan):

1. Die Zentral- oder Hauptidee wird deutlicher herausgestellt.
2. Die relative Bedeutung jeder Idee tritt besser zu Tage. Wichtige Ideen befinden sich in der Nähe des Zentrums, weniger wichtige in den Randzonen.
3. Die Vernetzungen und Verknüpfungen sind sofort ausmachbar.
4. Als Ergebnis werden Erinnerungsprozeß und Wiederholungstechnik effektiver und schneller.
5. Neue Informationen können ohne Schwierigkeit in die bestehende Struktur eingezeichnet werden.
6. Jedes Bild unterscheidet sich durch Form und Inhalt vom anderen.
7. Bei der Vorbereitung von Reden, Aufsätzen u. a. lassen sich Informationen und Ideen jederzeit leicht abrufen. Neue Ideenverknüpfungen fallen spontan ein.

Wo kann man Mind-Mapping nun anwenden?

Eigentlich überall:

− in Sitzungen
− für Referate und Seminare
− für Vorträge und Aufsätze
− für Notizen
− für Planungen
− für Organisationen
− um ein Buch zu schreiben
− um ein Musikstück zu komponieren
− um ein Bild zu malen
− um eine Vision zu erstellen
− und in vielen anderen Bereichen.

Der Möglichkeiten gibt es unendliche. Mit dieser Art von Aufzeichnen trainieren wir unsere meist vernachlässigte rechte Gehirnhälfte. Wir schaffen eine Synthese von links nach rechts, so daß es uns auch nicht mehr so schwerfällt, ‚in Bildern zu denken' (vergleiche Aufzeichnungen über den Schriftsteller Márquez!)

Eine typische Linkshirndominanz zeigen beispielsweise Akademiker, Ingenieure, Juristen, Wirtschaftler und Naturwissenschaftler.

76 Der geniale Mensch

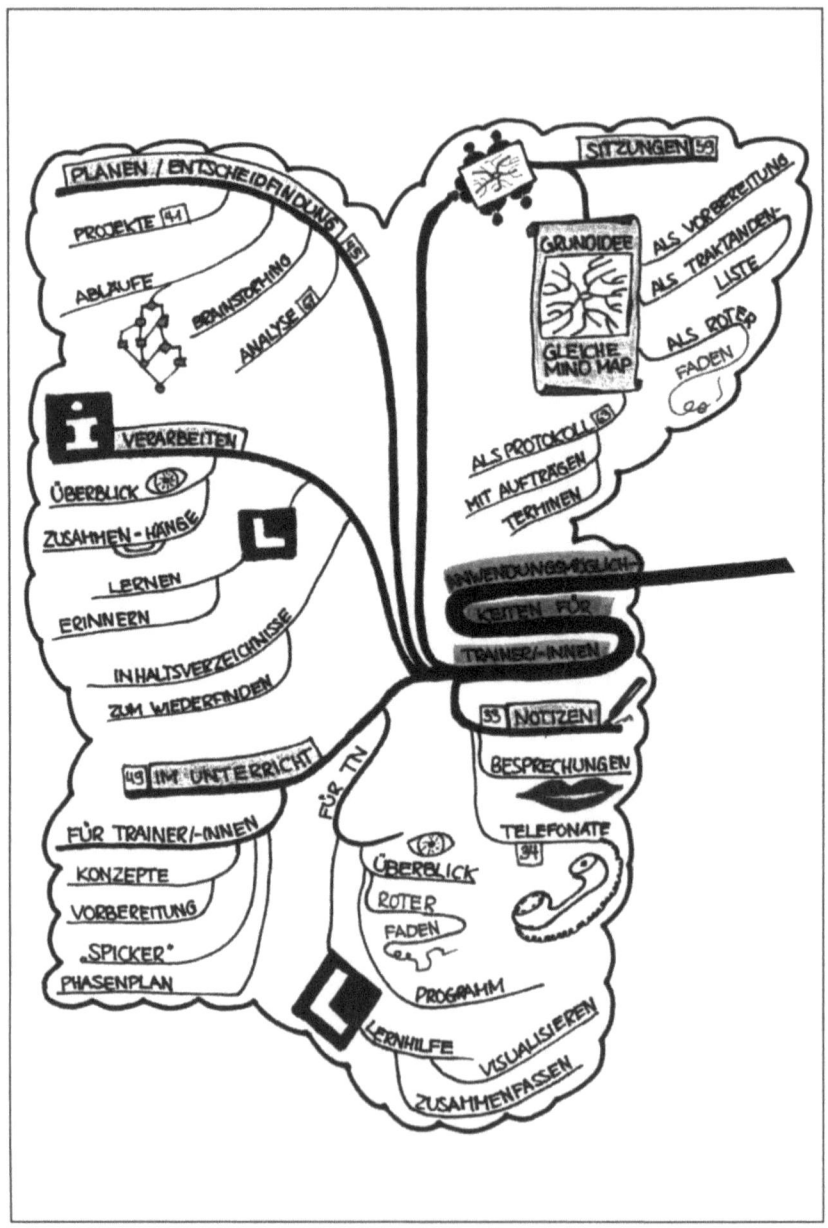

Quelle: Mogens Kirkhoff, Mind Mapping, Berlin, 1988 (Falteinlage)

Abbildung 10: Mind-Mapping

Kreativität 77

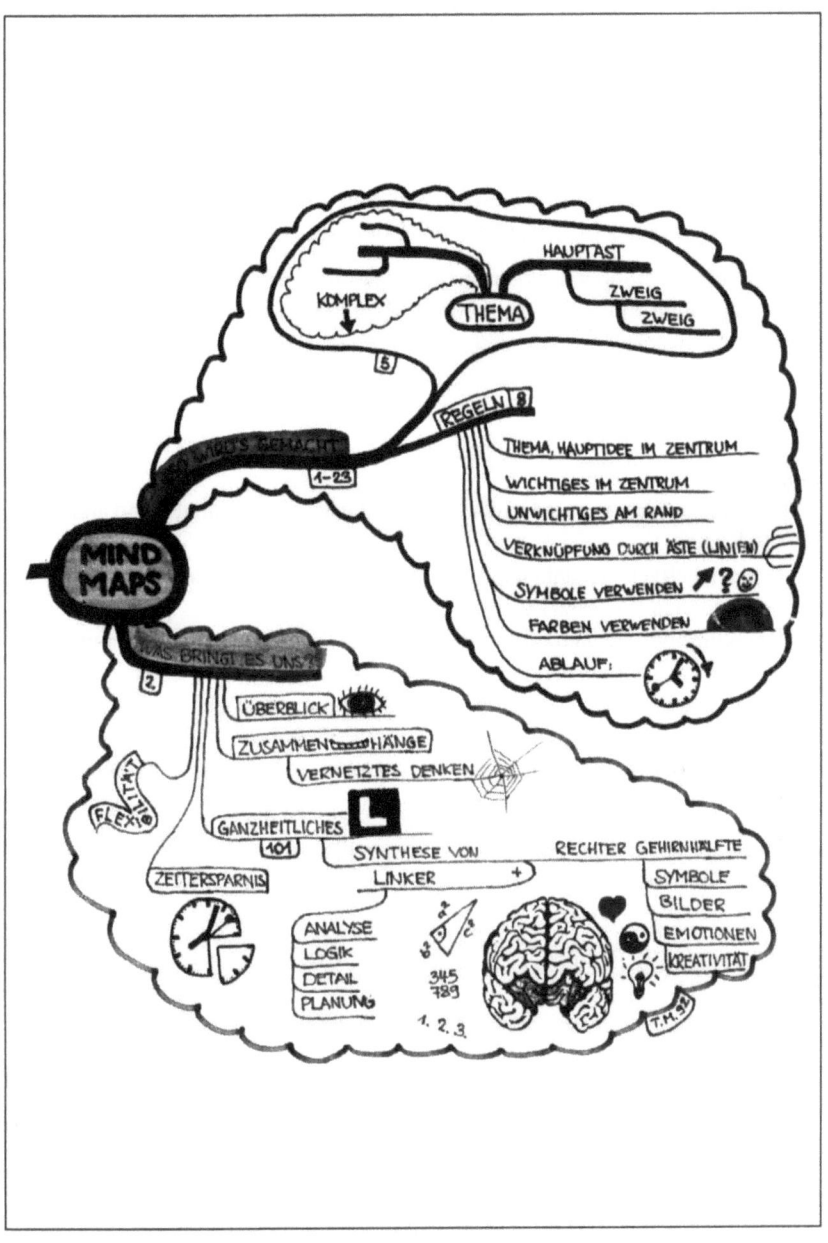

Quelle: Mogens Kirkhoff, Mind Mapping, Berlin, 1988 (Falteinlage)

Abbildung 10: Mind-Mapping (Fortsetzung)

Eindeutige Rechtshirndominanzen haben Künstler: Musiker, Maler, Literaten, Erfinder, Journalisten u. a.

Kommunizieren nun ein Analytiker und ein Künstler, dürfte die Kommunikation etwas schwierig sein: jeder von beiden hat eine andere Anschauungsweise, ein anderes Denkschema, andere Ideen und Vorstellungen! Mißverständnisse sind hier nicht ausgeschlossen (siehe auch das Kapitel über NLP in: Marie-Louise Neubeiser, Management-Coaching, 1990).

Hier könnte ein Ideenaustausch oder eine Informationsvermittlung in sachlicher Richtung mit Hilfe eines Mind-Mapping erfolgen. Die Schwerpunkte wären ausbalanciert und eine rasche Verständnisebene gefunden!

Fassen wir kurz zusammen:

Kreativität kann trainiert werden durch

- divergente oder laterale Denkweise: Phantasie, Vernetzungen und ähnliches (de Bono)
- einen negativen Gedankenansatz, der unerwünschte Kausalzusammenhänge vermeiden hilft (Watzlawick)
- Breakthrough-Denken, das verfügbares Wissen systematisch anwendet: geistige Langzeitvorbereitung (Nadler, Hibino)
- Brainstorming, das vor allem Ideen-Quantität, nicht aber unbedingt auch Ideen-Qualität erbringt (Osborn)
- Mind-Mapping, das rechtes und linkes Gehirn *gleichzeitig* denken läßt (Buzan)

Dies läßt uns hoffen! Machen wir uns an die Arbeit, um in erster Linie uns selbst – und dann unsere Umwelt mit kreativen Lösungsansätzen zu überraschen!

2. Intuition

Peter A. Bucky – über viele Jahre hinweg ein Familienfreund Albert Einsteins – fragte Einstein einmal, was er vom sogenannten sechsten Sinn halte.

Die Antwort Einsteins lautete: „Nun, ich glaube, der Gedanke hieran ist sehr natürlich, andernfalls wären wir alle mit einer Elefantenhaut geschaffen worden. Ich glaube, diese Schwingungen attackieren uns die ganze Zeit ohne Unterbrechung. Wirklich wichtig ist aber, sie entweder zu empfangen oder abzuweisen, je nach dem Grad ihrer Brauchbarkeit oder Güte. Vieles hat dabei natürlich mit der Kraft der Konzentration zu tun. Jeder kann sich beispielsweise selbst schulen, die schwierigsten Probleme mit nicht mehr als einem Notizblock, einem Bleistift und dem eigenen Verstand zu berechnen, trotz zahlreicher Störungen und Unterbrechungen von außen, wie Geräuschen, Musik, Unterhaltung. Jemand, der das schafft, ist wohl vorbereitet dafür, Empfänger von ‚Schwingungen' der Art, wie Sie meinen, zu sein."

Über sich selbst sagt er (ebenfalls zu Bucky):

„Ich bin nicht begabter als der Durchschnittsmensch. Da Sie etwas vertraut sind mit meiner Geschichte, wissen Sie, daß es so ist – daß mir das Studium schwergefallen ist und daß ich nicht ein Gedächtnis habe wie manche anderen Leute. Nein, das ist nicht die Antwort. Wenn Sie aber wollen, kann ich Ihnen die Antwort geben: Ich bin nicht begabter als sonst jemand. Ich bin einfach nur neugieriger als ein Durchschnittsmensch, und ich gebe bei einem Problem nicht eher auf, bis ich die richtige Lösung gefunden habe. Das ist eine meiner größten Befriedigungen im Leben – Probleme lösen. Und je schwieriger sich die Lösung eines Problems darstellt, desto mehr Befriedigung bereitet mir die Auseinandersetzung damit. Sie können mich vielleicht für etwas geduldiger halten bei der Verfolgung von Problemen als einen Durchschnittsmenschen. Wenn Sie also verstanden haben, was ich Ihnen soeben sagte, dann sehen Sie: Es ist nicht die Frage der größeren Begabung, sondern der des größeren Neugierigseins und vielleicht der größeren Geduld bei der Lösung eines Problems."

Und noch ein letztes Zitat, weil es eigentlich alles über das Genie Einstein aussagt (Frage nach seiner Motivation): „Meine wissenschaftliche Arbeit wird von einem unwiderstehlichen Verlangen motiviert, die Geheimnisse der Natur zu verstehen – von keiner anderen Empfindung sonst. Meine Liebe für soziale Gerechtigkeit und mein Bestreben, zur Verbesserung der menschlichen Lebensbedingungen beizutragen, sind völlig unabhängig von meinen wissenschaftlichen Interessen." (Bucky, Der private Albert Einstein, 1991).

Der amerikanische Management-Experte *Henry Mintzberg*, bekannt für zahlreiche zukunftsweisende Publikationen für strategisches Management

(Präsident der Strategic Management Society), hat sich in seinem Buch ‚Mintzberg über Management' (Wiesbaden, 1991) ausführlich mit dem Phänomen Intuition beschäftigt. Seine Erkenntnisse beruhen auf „jahrelanger Forschungsarbeit und intensivem Nachdenken" – wie er selbst sagt. Bereits 1976 erschien sein Artikel „Mit der linken Seite planen, mit der rechten managen" in der Harvard Business Review und erregte großes Aufsehen.

Ausgang seiner Überlegungen ist ein sogenanntes Gleichnis: Im nahen Osten erzählt man sich die Geschichte von Nasrudin und seinem Freund. Letzterer traf Nasrudin eines Tages an, wie er etwas auf dem Boden suchte. Nach Befragung war es sein Schlüssel. Vergebens suchten beide eine geraume Zeit, bis der Freund fragte: „Wo hast Du ihn denn verloren?" „Zu Hause" antwortete Nasrudin. „Aber warum suchst Du dann ausgerechnet hier?" „Weil es hier heller ist!" war die erstaunliche Antwort Nasrudins.

Mintzberg faßte sein langes, intensives Nachdenken in drei Grundfragen zusammen:

1. Warum sind manche Menschen so klug und so beschränkt zugleich? Wie kommt es, daß kreative Menschen keine Bilanzen und Buchhalter keinerlei Gespür für beispielsweise Produktdesign haben? Warum sind brillante Managementwissenschaftler unfähig zur Organisation eines Unternehmens? Und warum verstehen die Politiker nicht die einfachsten Grundsätze der Managementwissenschaft?
2. Warum sind Menschen so überrascht, wenn sie etwas Offensichtliches lesen oder lernen, was sie eigentlich bereits kennen müßten? Warum ist ein Manager begeistert, wenn er einen Artikel über Entscheidungsfindung liest, obwohl ihm dieser – aufgrund seiner Tätigkeit – in seinen Aussagen wohlbekannt sein dürfte?
3. Warum besteht auf der Top-Ebene eine solch offensichtliche Diskrepanz zwischen Planung und informellem Management? Warum weiß keiner der Techniker und Planer, wie das Management eigentlich wirklich arbeitet?

Zu Frage 1:

Mintzberg führt in diesem Zusammenhang die beiden Gehirnhälften in ihren Schwerpunkten an (siehe vorheriges Kapitel Mind-Mapping nach Buzan!). Je nachdem, wie das Aufgabengebiet gelagert ist, wird es mit der linken oder rechten Gehirnhälfte gelöst. *Der Einsatz von beiden Gehirnhälften – gleichzeitig – kommt so gut wie nie vor!*

Hiermit wäre die erste Frage beantwortet.

Zu Frage 2:

Der kalifornische Psychologe Robert Ornstein bezieht sich in seinen Forschungsarbeiten auf das Beispiel Nasrudin. Er stellt fest, daß das Synonym für Helligkeit seinen Sitz in der linken (analytischen) Gehirnhälfte hat, während die Dunkelheit in der rechten (gefühlsmäßigen) Gehirnhälfte angesiedelt ist. Somit erklärt er auch die ‚esoterische' Psychologie des Ostens mit dem rechtshemisphärischen Bewußtsein im Gegensatz zur westlichen Psychologie (linkshemisphärisch).

Mintzberg: „Jetzt denke man einen Moment darüber nach (sollte ich meditieren sagen?). Es gibt eine Reihe gedanklicher Prozesse – lineare, sequentielle, analytische. Darüber weiß die Wissenschaft ebenso wie wir alle eine Menge. Und es gibt eine Reihe anderer – simultane, relationale, ganzheitliche. Darüber wissen wir nur wenig. Wichtiger daran ist, daß wir nicht ‚wissen', was wir nicht ‚wissen'. Oder, genauer, unsere linke Hemisphäre scheint nicht explizit artikulieren zu können, was unsere rechte weiß."

Und weiter: „Das Offenbarungsgefühl beim Lernen des Offensichtlichen kann man so erklären, daß das ‚offensichtliche' Wissen implizit und anscheinend auf die rechte Hemisphäre begrenzt war. Die linke Hemisphäre ‚wußte' es nie. Deshalb scheint es für die linke Seite wie eine Offenbarung zu sein, wenn sie explizit lernt, was die rechte immer schon implizit wußte."

Hier ist die „Dunkelheit" ganz klar formuliert!

Zu Frage 3:

Mintzberg deutet für unsere rechte und schreibt für unsere linke Gehirnhälfte!

Wörtlich: „Vielleicht haben die Managementtheoretiker den Schlüssel zum Management in der Helligkeit der logischen Analyse gesucht, während er immer schon in der Dunkelheit der Intuition verloren war. ... Wenn Intuition vorkommt, bedeutet das einfach, daß der Analytiker seine Wissenschaft verlassen hat."

Bei der Beantwortung der Diskrepanz von Planung und Management verweist Mintzberg ganz eindeutig auf die Wichtigkeit des Führens aus der rechten Hirnhälfte heraus. „Erfolgreiche Manager scheinen Freude an Ambiguität, an komplexen, geheimnisvollen Systemen mit relativ wenig Ordnung zu haben." (siehe auch meine Recherchen und Interviews in Marie-Louise Neubeiser, Führung und Magie, 1992).

Seine jahrelangen Forschungsarbeiten über und mit Top-Managern faßt Mintzberg so zusammen:

1. Mündliche Kommunikation wurde von den von mir beobachteten Top-Managern bevorzugt. Die Informationsgewinnung auf diese Art und

Weise – gegenüber der schriftlichen – vermittelt auch Sinneseindrücke (Mienenspiel, Gesichtsausdruck und ähnliches) und garantiert ein breiteres Wissensspektrum. Hier ist sowohl die linke (Sprache) als auch die rechte (Gefühle) Hirnhälfte beteiligt!
2. Zur Information kommen noch weitere Inhalte: Klatsch, Gerüchte, Nebeninformationen, Gefühle etc. In Wirklichkeit interessieren Manager weniger analytische Inputs als spekulative Momente der Informationsweitergabe! „Manager verwenden auch den Begriff ‚Intuition', um auf Denkprozesse Bezug zu nehmen, die zwar funktionieren, ihnen aber unbekannt sind. Es scheint ein Begriff zu sein, den der verbale Intellekt für die geheimnisvollen Denkprozesse erfunden hat. Vielleicht bedeutet ‚dieser Mensch handelt intuitiv richtig' einfach, daß er über gute implizite Modelle in seiner rechten Hemisphäre verfügt." (Mintzberg)
3. Top-Manager sind selten in der Lage, Informationen an ihre Mitarbeiter in der geeigneten Form weiterzugeben. Unter Zeitstreß müssen sie daher eine Aufgabe ohne die richtige ‚Anweisung' delegieren – oder sie müssen sie selber machen!
4. Zur Ambiguität: Top-Manager fangen vieles an, das sie nicht zu Ende führen – obwohl sie es könnten. Sie häufen bewußt Aktivität auf Aktivität, unterbrechen aktiv ihre Arbeit, um sich anderem zuzuwenden, sie lieben die Abwechslung in ihrem Arbeitstag und lassen jegliche Routine (geplante Kontakte oder Themen, die sich auf vorherige Planungen beziehen) vermissen!
5. Ganz sicherlich ist das Moment der Führung das wichtigste, aber Mintzberg: „...es ist eine Ironie, daß Manager und Wissenschaftler trotz vieler Forschungen praktisch noch nichts über das Wesen der Führung wissen, also darüber, warum manche Menschen folgen und andere führen. Führung bleibt ein mysteriöses Phänomen." (Siehe auch Führung und Magie!)
6. Bei der Entscheidungsfindung spielen zwei Prozesse eine entscheidende Rolle: die Diagnose und die Gestaltung. Mintzberg betont, daß sich keinerlei Anhaltspunkte in der Planungs- und Managementliteratur für den Prozeß der Diagnose finden. „Es fragt sich, *wo* und *wie* Diagnose stattfindet? Scheinbar in der Dunkelheit von Urteilsvermögen und Intuition."
7. Wie gehen Manager bei der Auswahl von verschiedenen Optionen vor? Analyse, Beurteilung und Verhandeln bieten sich an. – Nach Mintzbergs Untersuchungen war überraschenderweise das Urteil die Selektionsmethode schlechthin. „Typischerweise gelangen die Optionen und alle damit zusammenhängenden Daten in den Kopf des Managers, und irgendwie kommt später eine Entscheidung heraus. *Wie,* das wurde niemals erklärt. Das *Wie* wurde auch niemals in der Literatur erklärt."
In diesem Zusammenhang verweise ich auf das Kapitel Kreativität – die Illuminationsphase!

8. Wir haben gesehen, daß bei Entscheidungsprozessen im Organisationsablauf – überhaupt bei allen Unternehmensprozessen – stabile Perioden mit „Fließen, Tasten und globalem Wandel" (Mintzberg) abwechseln. „Wie erklärt die strategische Planung diese Schübe und Neuanfänge? Sie erklärt sie nicht. Die Problemlast fällt wieder dem Manager zu, vor allem seinen mentalen Prozessen – den intuitiven und experimentellen. Er muß mit diesen unregelmäßigen Inputs aus der Umwelt fertig werden." (Mintzberg).

Mintzberg faßt seine Untersuchungen über Top-Manager so zusammen:

„Die wichtigen grundsätzlichen Prozesse im Management einer Organisation, die zur Führung einer Organisation erforderlich sind, sind in hohem Maß auf die Fähigkeiten der rechten Hemisphäre angewiesen. Wirklich herausragende Manager sind ohne Zweifel diejenigen, die effektive Prozesse der rechten Seite (Gefühl, Intuition, Synthese) mit effektiven der linken (Klarheit, Logik, Analyse) koppeln können. Aber es wird in der Praxis des Managements wenig Fortschritt geben, wenn Manager und Wissenschaftler wie Nasrudin damit weitermachen, den Schlüssel zum Management in der ‚Helligkeit' der geordneten Analyse zu suchen."

Die Wissenschaftsjournalistin *Anne Moir* und ihr Co-Autor *David Jessel,* beide Engländer, haben vor zwei Jahren mit ihrem Buch ‚Brain Sex' insofern Furore gemacht, als sie nachweisen konnten, daß Frauen – im Gegensatz zu Männern – sehr viel mehr ihre beiden Hirnhälften einsetzen können. Der sogenannte Corpus callosum, der Nervenfaserstrang, der beide Gehirnhälften verbindet, läßt bei Frauen mehr Verbindungen von rechts nach links – und umgekehrt – zu. Das bedeutet, daß zwischen den beiden Hälften des weiblichen Hirns mehr Informationen ausgetauscht werden können als dies bei Männern der Fall ist. Wie die jüngsten Forschungen auf diesem Gebiet zeigen, können sich Frauen dadurch auch besser artikulieren – ein Zeichen ihrer besseren Sprachgewandtheit im Gegensatz zu Männern.

„Könnte es die vielleicht etwas prosaische Lösung für das Geheimnis der weiblichen Intuition liefern? Ist die naturbedingte Fähigkeit der Frau, mehr Informationen zwischen ihren Hirnhemisphären hin und her sausen zu lassen, am Ende doch nicht mit Hexerei, sondern lediglich mit überlegenen Schalt- und Leitungssystemen zu erklären? So ist es. Frauen sind im allgemeinen besser darin, die emotionalen Nuancen in Stimmen, Gesten und im Gesichtsausdruck wahrzunehmen als Männer. Sie können aus solchen Informationen mehr ableiten, weil ihre Fähigkeit, verbale und visuelle Informationen zu integrieren und miteinander in Zusammenhang zu bringen, größer ist als die der Männer – aufgrund der größeren Kapazität ihres Leitungssystems", so die beiden Autoren (Brain Sex – Der wahre Unterschied zwischen Mann und Frau, 1990).

Ein interessanter Versuch mit Männern und Frauen zeigte, daß Bilder, mit Emotionen geladen, bei Männern *nur* mit der rechten Hirnhälfte aufgenommen werden konnten – während Frauen dies von links *oder* rechts wahrnehmen konnten. „Bei Frauen sitzen die Zentren der emotionalen Reaktion sowohl in der linken als auch in der rechten Hemisphäre. Beim Mann sind die emotionalen Funktionen in der rechten Seite des Hirns konzentriert." Zudem haben Frauen eine schwächer ausgeprägte Fähigkeit für räumliches Erfassen.

Hiermit ist jetzt auch eindeutig erklärbar, daß Frauen viel mehr ihre Intuition und Phantasie einsetzen – sei es im Alltag, in der Familie oder in ihrem Beruf.

Zum Buch von Marylin Loden „Als Frau im Unternehmen führen" kommt immer wieder die gesamtheitliche Führungskompetenz der Frauen mit Gespür und Ausgewogenheit für ihre Umwelt vor. (Nähere Ausführungen hierzu in Marie-Louise Neubeiser, Führung und Magie)

Leider kann ich für das Kapitel ‚Intuition' keine ‚Management-Handlungsanweisungen' geben – es sei denn mentales Training, worüber es eine Unmenge an Sachbüchern gibt.

3. Vision

„Jeder muß seinem inneren Weg folgen!"

„Ich gebe mir Sinn, solange ich nicht die Kreise eines anderen störe!"

„Ich beschäftige mich jahrelang mit meiner Idee – ich bin ganz ausgefüllt damit, habe monatelange Tagträume – bis es zur Explosion, zur Durchführung meiner Idee kommt."

„Erfolg gibt Energie-Rückfluß"

„Die Kraft zur Durchführung meiner Expeditionen kommt durch die Begeisterung für die Idee und deren Umsetzung."

„Nur die innere Idee läßt mich diese Grenzleistungen vollbringen."

Reinhold Messner anläßlich einer Tagung in Zürich, veranstaltet von der SMG, Schweizerische Management-Gesellschaft, Zürich, 13. November 1991.

Wir spüren die Kraft und Ausstrahlung dieser Worte – so, wie es auch in meinem Interview nachempfindbar wird, was Messner damit meint. Er ist sozusagen ein Gefangener seiner Idee, ein Tagträumer, der eines Tages zur Tat schreiten wird, um unermeßliche Weiten und Höhen sich zu eigen zu machen.

Er identifiziert sich vollkommen mit seiner Idee, die Grenzen verschwinden immer mehr zwischen seinem Objekt und ihm selbst – er lebt mit und in der Idee!

Wie sagt doch Saint-Exupéry? „Die Zukunft soll man nicht voraussehen wollen, sondern möglich machen!"

Der Trendforscher *Gerd Gerken* – der jedes Jahr mit einem neuen Bestseller an die Öffentlichkeit tritt – sagt: „Der spirituelle Manager beherrscht die geistigen Instrumente (Mind) so gut, daß er Geist formen kann. Er wandelt Spirit um in Bewußtsein ... also in Visionen und fließende Kontexte. Er nutzt die Kraft des höheren Geistes (Spirit) für den neuen Geist und für den schnellen Geist. So gestaltet er bewußt Evolution."

Der Managementberater *Reinhard Sprenger* stellt folgende Wirkungen von einer Vision innerhalb einer Organisation fest (veröffentlicht in Management Wissen, 12/91):

– Visionen reduzieren die Komplexität im Unternehmen
– Visionen kanalisieren die Eigendynamik auseinanderdriftender Unternehmensteile

- Visionen schaffen Identität im und mit dem Unternehmen
- Visionen schaffen Vertrauen und kompensieren Vertrauensschwund
- Visionen vermitteln Geborgenheit und Zusammengehörigkeit in einer sinnstiftenden Idee
- Visionen vitalisieren das gesamte Unternehmen.

Seiner Meinung nach sind Visionen Glaubenssache – und können somit Berge versetzen, oder sollten es!

Daher wirft er einen kritischen Blick in die Realität des Wirtschaftsgeschehens und kommt zu der Meinung:

„Was den Wert von Visionen aber erst zur Preziose macht, erklärt sich systemgerecht aus dem Funktionieren der Marktwirtschaft: Sie sind überaus selten. Das viele Gerede darüber verdeckt kaum, daß den Visionen das gleiche Schicksal droht wie vor ihnen der Firmenkultur oder der Corporate Identity: Sie existieren mehr auf dem Papier als in der Realität." Seine Begründung: „Nicht weniger trostlos mutet an, was in den oberen Etagen deutscher Konzerne unter ,Visionen' gehandelt wird: der Größte sein oder der Beste, die Nummer eins oder wenigstens die Nummer zwei, die am schnellsten Wachsende oder die mit dem besten Image – alles bestenfalls Ziele, an denen sich zäh arbeiten, aber an die schwer zu glauben ist. Für den deutschen Manager muß eine Vision vor allem seriös sein, und das heißt pragmatisch, konkret und kurzfristig realisierbar. Daß Visionen sich vom Glauben nähren und daß der Glaube eine mächtige Energiequelle darstellt, gilt ihnen mehr oder weniger als höherer Blödsinn."

Um eine Vision wirklich zu verankern, und zwar in den Köpfen der Mitarbeiter, sollte – nach Sprenger – folgendes beachtet werden:

Der Manager muß persönlich für seine Vision einstehen, denn die Glaubwürdigkeit kann nur dann nachvollzogen werden.

- Die Vision darf nicht verkündet, muß vielmehr gemeinsam erarbeitet werden.
- Die Glaubwürdigkeit einer Vision hängt von der Sinnfindung für die Mitarbeiter ab – nur wenn sie das Gefühl haben, sich mit der Vision persönlich weiterzuentwickeln, kann sie Akzeptanz finden.
- Die Vision muß auf Grundwerten beruhen, die alle nachvollziehen zu vermögen.
- Eine Vision zieht zunächst einen erhöhten Bedarf an Weiterbildung nach sich.
- Die Vision muß vom Management – von der Spitze her – vorgelebt werden.
- Eine Vision verankern heißt vor allem, daß sie klar formuliert ist und gemeinsam ,Spielregeln' festgelegt werden, die dann auch eingehalten werden müssen.

Um eine Vision in die Wirklichkeit umzusetzen, muß sie – wie wir gehört haben – gelebt werden. Dies hat in erster Linie mit Führung zu tun, einer Führung, die der Authentizität einerseits und der Fachkompetenz andererseits entspringt.

Hinzu kommt das Moment der Selbststeuerung. Vom Hard- zum Soft Management!

Hierzu ein Schaubild:

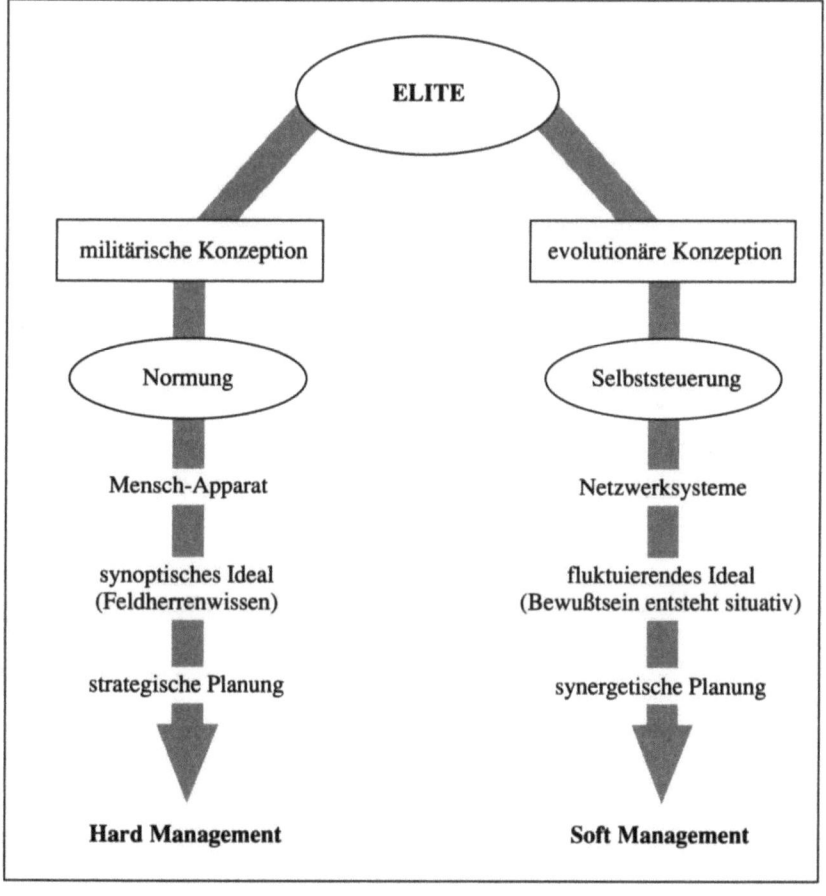

Quelle: Management Wissen, 12/1991, S. 76

Abbildung 11: Führungsstil im Umbruch

Leadership zu definieren – exakt – ist ein schwieriges Unterfangen. In vielerlei Gestalt kommt sie daher, je nach Person, Charakteristika, Situation und Umfeld. Erstaunlicherweise weiß jedoch jeder sofort, wann bei einer Person Leadership angesagt ist: da ist etwas Unbestimmtes in der Luft, eine gewisse Aura, die Überzeugung und Konsens vermittelt – sozusagen ungewollt von beiden Seiten!

W. Chan Kim, Strategieprofessor für Internationales Management, und *Renée A. Mauborgne*, Leiter für Managementforschung und Business in Fontainebleau (INSEAD), haben der ‚unsichtbaren Dimension von Leadership' aufgespürt und in Harvard Business Review (Juli/August 1992) „Parables of Leadership" veröffentlicht:

Was der Wald sagt

Vor langer Zeit sandte der König Ts'ao seinen Sohn, den Prinzen T'ai, zu dem großen Meister PanKu, daß er für dessen Nachfolge unterrichtet werde. PanKu sollte ihn die Regeln des Regierens lehren. Sofort nach der Ankunft des Prinzen im Tempel wurde er allein in den Ming-Li Wald geschickt. Nach einem Jahr durfte er wieder zurückkommen, um zu erzählen, was der Wald sagt.

„Meister, ich hörte die Kuckucke rufen, die Blätter rauschen, die Drosseln pfeifen, die Paradiesvögel singen, die Grasmücke zirpen, die Bienen summen und den Wind flüstern und tosen", sagte der Prinz.

Der Meister schickte ihn zum Wald zurück, denn der Prinz sollte noch mehr darüber erzählen können. Der Prinz war erstaunt und fragte sich, was er noch hätte hören sollen, wo er doch alles so genau aufgezählt hatte!

Vier Tage und vier endlose Nächte saß der Prinz im Wald und lauschte – aber er konnte nichts anderes, Neues hören! Aber je länger er hinhörte, desto deutlicher wurden die Töne.

Bei seiner Rückkehr und der erneuten Frage von PanKu sagte der Prinz: „Als ich genauer zuhörte, konnte ich das Ungesagte hören: wie sich die Blumen öffneten, wie die Sonne die Erde wärmte, und wie das Gras den Morgentau trank."

„Das Ungesagte hören", sagte PanKu, „ist die wichtigste Regel des Regierens. Auf die Herzen deiner Untertanen zu hören, ihre Gefühle, Sehnsüchte und ihre Kümmernisse nachzuvollziehen, schafft Vertrauen und Hoffnung, gibt das Gespür für Richtiges und Falsches, für die Bedürfnisse der dir Anvertrauten!"

Feuer und Wasser

Im 14. Jahrhundert v. Chr. gab es den Distrikt Lu, den der Herzog Chuang regierte. Obwohl das Land zuerst wunderbar gedieh, kamen Dürre und Not, die es darben ließen.

Chuang machte sich auf zum Han-Berg, um dort den großen Meister der Weisheit Mu-sun zu befragen. Dort angekommen, sah er den Meister auf einem kleinen Felsen sitzen und in die Weite blicken. Auf sein Anliegen hin sagte der Meister nicht ein einziges Wort, bedeutete ihm vielmehr, mit ihm zu kommen. Schweigend gingen sie einen langen Weg, bis sie zum TanFu Fluß kamen, dessen Anfang und Ende nicht abzusehen waren. Nachdem sie am Flußrand meditiert hatten, zündete Mu-sum ein Feuer an. Sie saßen lange in der Nacht bei den lodernden Flammen. Als die Morgendämmerung langsam heraufzog und die Flammen langsam verlöschten, sagte der Meister zum ersten Mal folgende Worte: „Verstehst Du jetzt, warum Du Deinen Distrikt nicht richtig verwaltet hast? Schau Dir das Feuer an, wie stark und mächtig es mit seinen lodernden Flammen war! Weder ein starker Baum noch ein wildes Tier hätten es je bezähmt. Mit Leichtigkeit hätte es alles vernichten können. – Betrachte dagegen den Fluß, der als ein schwaches Rinnsal beginnt und als Strom endet. Er fließt langsam und schnell und führt mit sich Erde und Geröll. Wenn wir ihm lauschen, können wir ihn kaum hören, wenn wir ihn berühren, kaum fühlen – so sanft ist seine Natur! Und was bleibt am Ende? Von dem mächtigen, starken Feuer nur eine Handvoll Asche! Es hat sich selbst verzehrt. Ganz anders der ruhige und in sich ruhende Fluß. So, wie er ist, so wird er immer bleiben: ruhig dahinfließend, tiefer und tiefer werdend, breiter, mächtiger – bis er in den endlosen Ozean fließt!

So wie es mit der Natur ist, so ist es auch mit dem Regieren. Mächtige, autoritäre Herrscher vergehen, aber in sich ruhende, sanfte und innerlich starke Regenten – wie der Fluß – bringen ihrem Land Segen und Gedeihen. Und welcher von beiden bist Du? Du magst entscheiden – denn die Antwort liegt hier!" Wie eine Erleuchtung ging es durch Chuang's Herz – er hatte die Antwort gefunden!

Der sprudelnde Fluß

Im vierten Jahrhundert v. Chr. führten die Staaten Chinas Krieg. Der große General des Chin Staates residierte in seinem Palast und saß mit Meung, dem General der dritten Division, zusammen, um die Situation zu beraten.

„Wir werden gewinnen – die Chin-Flagge wird bald überall wehen!" sagte Leutnant Yu, der Kurier, voller Freude und Stolz. Als der General den Rapport gelesen hatte, wurde sein Gesicht traurig. Er gab Yu die Order, die Truppen zurückzuziehen, und blickte übers Land: „Alas, noch eine weitere Division unseres Staates wird fallen!" Meung war irritiert: „Ich verstehe dies nicht, großer General – erklären Sie es mir!"

Der General antwortete nicht, bedeutete Meung mit ihm zu kommen und führte ihn an einen großen See hinter den Palast. Sie setzten sich auf einen nahen Felsen. Der General warf ein kleines Stück Papier in den See. Es bewegte sich nur wenig – sozusagen auf der Stelle. Sie beobachteten das Papier lange, bis Meung unruhig wurde und wiederum fragte: „Mein General, was hat dies zu bedeuten? Ich schaute lange auf das Papier – ohne daß ich eine Erleuchtung hatte!"

Wieder antwortete der General nicht und bat ihn, mit ihm zu einem sehr kleinen, sprudelnden Bach zu kommen. Wieder warf er ein Stück Papier hinein, und dieses Mal stand es nicht still, sondern trieb lustig davon und verschwand!

„Verstehst Du jetzt, warum wir nicht den Sieg davon tragen?" fragte der General seinen Begleiter. Dieser verneinte.

„Das erste Regiment ist mit dem See vergleichbar – groß und stark bewaffnet. Deshalb ist auch General Li – der Führer – arrogant und sich seines Sieges sicher. Er hat sich hinter der Kampflinie aufgestellt. Nicht so General Su, der Führer der Zweiten Garnison. Er ist bei seinen Truppen, ganz nah bei ihnen und hat sich in der Nähe des Flusses aufgestellt. Für den Sieg würde er auch sterben! Das wissen seine Truppen. Er ist wie der sprudelnde Bach, der in *eine* Richtung fließt, das Papier mit sich trägt im Gegensatz zu dem großen See, der verharrt. Erinnere Dich immer daran: Nicht Waffenstärke und Macht führen zum Sieg, sondern die Einstellung und innere Stärke des Generals führen die Truppen zum Sieg!"

Der weise General behielt recht: nach vier Tagen wehte nicht die Chin-Flagge, sondern die Wei-Flagge über dem Land!

Die Weisheit des Berges

Im alten China stand auf dem Berg Ping ein Tempel, der dem Erleuchteten Hwan gewidmet war. Lao-Li studierte und meditierte viele Jahre unter dem großen Meister Hwan, und er bemühte sich sehr um Erleuchtung – aber diese kam ihm nicht. „Ich kann nicht länger für mein Schicksal kämpfen, wie die Kirschblüte werde ich resignieren und wieder zur Erde zurückkehren" entschied Lao-Li. Er ging zu seinem Meister hin, um ihm davon zu erzählen. Dieser saß vor einer weißen Wand und meditierte. Ehe noch Lao-Li zu ihm sprechen konnte, sagte der Meister: „Morgen werde ich Dich auf Deiner Reise – den Berg hinunter begleiten."

Am nächsten Morgen, bevor sie den Abstieg unternahmen, schaute der Meister in die Weite ringsum. „Was siehst Du, Lao-Li? fragte er ihn. „Ich sehe die Sonne soeben hinter dem Horizont aufgehen, sanfte Hügel und Berge, die sich über Meilen erstrecken, Täler und Seen und eine alte Stadt." Der Meister hörte seine Worte, lächelte und stieg die ersten Schritte nach unten. Stunde um Stunde gingen sie hinunter, die Sonne kreuzte bereits das Firmament, als sie am Fuße des Berges ankamen. Erneut fragte Hwan Lao-Li, was er sähe. „Großer, weiser Mann, ich sehe Enten dümpeln, Kühe im saftigen Gras schlafen, alte Leute in der Nachmittagssonne sitzen und Kinder am Bach spielen." Der Meister lächelte, ging weiter, bis sie ans Tor der Stadt kamen. Dort setzten sie sich unter einen alten Baum. „Was hast Du heute gelernt, Lao-Li?" fragte der Meister, „vielleicht ist dies die letzte Weisheit, die ich Dir mit auf den Weg geben will." Lao-Li schwieg.

Nach langer Stille fuhr der Meister fort: „Der Weg der Erleuchtung ist wie die Reise den Berg hinunter. Erleuchtet wird nur der, der sehen kann, daß man auf dem Berggipfel etwas anderes sieht als am Fuße des Berges. Ohne diese Weisheit verschließen wir all unsere Sinne für das, was wir im Augenblick nicht sehen können und begrenzen somit unsere Kapazität des Wachsens. Aber mit dieser Weisheit kommt die Erleuchtung, Lao-Li! Wir erkennen, daß wir nicht alles sehen können, manches bleibt uns verborgen. Und dies läßt unsere Vorurteile verschwinden, lehrt uns, das zu respektieren, was wir zuerst nicht sehen! Vergesse also nie die letzte Lehre, Lao-Li: was Du nicht siehst, kannst Du aber von einem anderen Punkt des Berges aus sehen!"

Als der Meister aufhörte zu sprechen, sah Lao-Li nach dem Horizont, wo die Sonne unterging und ihm direkt ins Herz leuchtete. Er wendete sich zu seinem Meister um, aber dieser war verschwunden.

Dies ist eine alte chinesische Legende. Man erzählt sich aber, daß Lao-Li zum Berg zurückgekehrt ist, dort sein ganzes Leben verbrachte und ein großer Erleuchteter war.

Die Räder und das Licht

Im 3. Jahrhundert v. Chr. endete die Quin Dynastie, und die Han Dynastie hatte soeben begonnen. Zum ersten Mal war es dem Sieger Liu Bang gelungen, China in *einem* Reich zu vereinigen. Um dieses Ereignis zu feiern, hatte Liu Bang zu einem großen Fest geladen, die Großen von Militär und Politik waren gekommen, Dichter, Gelehrte und viele andere. Unter den Gelehrten war auch Chen Cen, der Meister von Liu Bang, zu dem Letzterer während des Vereinigungsprozesses von China sehr oft gegangen war, um sich Rat zu holen.

Die Feier war in vollem Gange, ein Bankett, wie noch nie gesehen, aufgefahren. In der Mitte der Tafel saß Liu Bang mit seinen drei Heerführern: Xiao He, der für die Logistik zuständig war, Han Xin, der den militärischen Einsatz leitete, und Chang Yang, der die diplomatischen und politischen Einsätze führte. An einem anderen Tisch saßen Chen Cen und seine drei Schüler.

Obwohl die Speisen köstlich, die Reden und Ehrungen brillant und die Darbietungen gekonnt waren, blickten die drei Schüler Chen Cen's mißmutig. „Meister", sagten sie, „alles ist großartig – aber trotzdem verstehen wir eines nicht." Chen Cen bat sie, fortzufahren. „Alle drei Heerführer verstehen ihre Disziplinen in einem Ausmaße, wie es besser nicht sein könnte. Was wir nicht verstehen, ist die Position von Liu Bang selbst. Er ist nicht von nobler Herkunft, und sein Wissen um die drei Bereiche der Heerführer reicht bei weitem nicht aus, um diese fach- und sachkundig anzuleiten. Wie ist es möglich, daß er an der Spitze steht?"

Der Meister lächelte still vor sich hin und sagte: „Stellt Euch bitte einen Wagen vor, schwer beladen. Wie kommt es, daß die Räder diese Last tragen können?" „Sind es nicht die Radachsen?" frugen die Schüler interessiert zurück. „Aber wie kommt es dann, daß zwei Räder mit exakt gleichen Achsen doch in ihrer Wirkung anders sind?" Er fuhr fort: „Vergeßt nie, daß es nicht nur die Achsen sind, vielmehr der Abstand der beiden Räder voneinander ist! Ein schwaches Rad hat auch eine schwache Achse, aber wenn die Räder harmonisch ausbalanciert sind, haben sie die größte Tragkraft! Die Kunst des Rädermachens liegt eben in der Fertigkeit, den Raum zwischen den Rädern richtig auszurechnen. Überlegt nun, wer hier derjenige ist, der dies tut!"

Es herrschte Schweigen, bis ein Schüler fragte: „Aber Meister, wie ist es möglich, diese Harmonie und Balance zwischen den Rädern ausfindig zu machen?" „Denkt nur an das Sonnenlicht. Licht läßt Blumen und Bäume wachsen, indem Licht Licht weggibt. Am Ende aber – in welche Richtung wächst alles? Genau so ist es mit Liu Bang: er hat jeden seiner drei Heerführer auf den richtigen Platz gesetzt, da er ihre Fähigkeiten kennt, und er balanciert sie untereinander aus. Mit seiner Person garantiert er Harmonie und Effizienz; und wie die Blumen und Bäume der Sonne zu wachsen, so ist es hier: die Menschen wachsen ihrem Gönner zu – in Verehrung, nämlich zu Liu Bang."

(Alle fünf Parabeln wurden von mir frei aus dem Englischen übersetzt.)

Kehren wir in die Wirklichkeit zurück, so ist es innerhalb einer Unternehmenskultur mehr denn je wichtig, eine sinnstiftende Vision zu haben, die für jeden einzelnen im Unternehmen nachvollziehbar ist.

Die Vision muß glaubhaft von der Spitze her vorgelebt werden, um sich langsam in der gesamten Organisation verankern zu können.

Hierzu bedarf es *verschiedener Fähigkeiten*:

– das Ungehörte hören
– in sich selbst ruhen
– Bewegung statt verharren
– sich bewußt sein, daß von verschiedenen Standpunkten verschiedene Sichtweisen ausgehen
– mehr geben als nehmen.

4. Genialität

Was ist Genialität? Bei dieser Frage denken wir unwillkürlich an große Namen wie Mozart, Bach, Leonardo da Vinci, Einstein, Lichtenberg und viele andere!

Wie oft benutzen wir das Wort ‚genial', ohne uns dessen wirkliche Bedeutung klar zu machen. In unserem Sprachgebrauch heißt dies, etwas wirklich Außergewöhnliches zu vollbringen, egal auf welchem Gebiet – sich einfach von der Masse abzuheben!

Gottlieb Guntern (Zermatter Kreativitätssymposium) sagt: „Ein Genie arbeitet mit beiden Gehirnhälften gleichzeitig." Der Münchener Diplom-Psychologe *Henner Ertel,* der sich vor allem bei der Erforschung von Hochbegabung einen Namen gemacht hat, definiert so: „Die neue Definition der Genialität ist die Fähigkeit zum Begreifen der komplexen Folgen jeder Entscheidung und die Fähigkeit, die richtigen Fragen zu stellen. Von hundert Menschen kann das nur einer überdurchschnittlich gut."

Er schreibt den Frauen diese Fähigkeiten mehr als Männern zu. Und zwar – ich erinnere an das Kapitel ‚Intuition' – sind Frauen für eine holistische (vernetzte) Sicht- und Denkweise den Männern insofern überlegen, als der Verbindungsstrang von linker zu rechter Gehirnhälfte leistungsfähiger ist. Ungefähr 200 Millionen Nervenfasern stellen diese Verbindung dar. „Genies können Verbindungen im Gehirn schalten, die bei normalen Menschen vollkommen unüblich sind" – so Ertel. Er hat bei Gehirnmessungen festgestellt, daß im Gehirn genialer Menschen zahlreiche Impulse – wie Blitze – hin- und herschießen.

Daher auch der Ideenreichtum, die Gedankenvielfalt, die Kreativität, Intuition und Vision – Intelligenz allerdings vorausgesetzt! Geht man von einem Durchschnitts-IQ der Bevölkerung von 100 aus, so liegt der IQ bei Genies im Schnitt etwa bei 140 und mehr – manche haben allerdings auch einen IQ unter 110. (Auf die Messung des IQs und seiner Beurteilungsmöglichkeit gehe ich ausführlich im Teil C – ‚Das Gesetz der inneren Logik' – ein!)

Obwohl wir zwei Definitionen aus erfahrenem Munde haben, wissen wir immer noch nicht, wie man einen genialen Menschen erkennt. In seinen Leistungen ja – aber seine persönlichen Qualitäten sind nicht sofort auszumachen, sie sind quasi unsichtbar.

Eine Kurzformel wäre fürs erste etwa:

Die Summe von:

- Hochbegabung
- unstillbarer Neugier
- fortdauerndem Interesse für das jeweilige Sachgebiet
- Ausdauer, Zähigkeit und Fleiß
- Phantasie
- Einfallsreichtum

ist Genialität!

Um der Genialität etwas näherzukommen, wollen wir einen Blick in die Geschichte werfen, die viele Genies hervorgebracht hat.

4.1 Die Naturwissenschaftler

Georg Christoph Lichtenberg (1742–1799)

Eine der vielen Episoden um ihn:

Seit 1775 ordentlicher Professor für Physik in Göttingen, war er naturgegeben des Experimentierens nie müde. In England ließ er sich eigens eine Luftpumpe von einem Spezialisten bauen – damals die erste in Deutschland! –, um Versuche unter Vakuumbedingungen anzustellen.

Eines Tages besuchte ihn sein berühmter Kollege Volta. Seine eigenen Worte: „Bei Volta fällt mir ein Rätsel ein, das ich ihm aufgab, als er mit mir speiste, da wir sehr lustig waren und dergleichen Dinge mehrere vorkamen. Ich fragte ihn, ob er das leichteste Verfahren kenne, ein Glas, ohne Luftpumpe, leerzumachen. Als er sagte: Nein, so nahm ich ein Weinglas, das voll Luft war, wie alle leeren Weingläser, und goß es voll Wein. Er gestand nun ein, daß es luftleer sei, und dann zeigte ich ihm das beste Verfahren, die Luft ohne Gewalt wieder zuzulassen, und trank es aus. Der Versuch mißlingt selten, wenn er gut angestellt wird. Er freute ihn nicht wenig, und er wurde von uns allen mehrmals angestellt."

Aber dies nur am Rande, denn Lichtenberg – zu Lebzeiten bereits berühmt – war nicht nur ein kritisch-witziger, aufklärerischer Geist, sondern auch ein bekannter Experimentalphysiker. Positive und negative Elektrizität (Lichtenbergsche Figuren) gehen auf ihn zurück; 1770 bat ihn der König von Großbritannien, Georg III., auf seine Sternwarte in Richmond; Briefwechsel mit Goethe über dessen Farbenlehre; Novalis und Moltke baten ihn um ein naturwissenschaftliches Privatkolleg, und Schiller forderte ihn zur Mitarbeit an den ‚Horen' auf. Nicht genug, er studierte eingehend Kant und meldete sodann moderne ‚Wissenschaftskritik' an: „Wir suchen in der Natur überall eine gewisse Bestimmtheit, aber das alles ist weiter nichts als die Anordnung des dunklen Gefühls unserer eigenen."

Lichtenberg betrachtet Naturbeobachtungen als reine Selbstbeobachtung: „Um unserem Gedächtnis etwas einzuverleiben suchen wir daher immer einen Sinn hineinzubringen oder eine andere Art von Ordnung. Daher genera und spezies bei Pflanzen und Tieren, Ähnlichkeiten bis auf den Reim hinaus. Eben dahin gehören auch unsere Hypothesen, wir müssen welche haben, weil wir sonst die Dinge nicht behalten können. Dieses ist schon längst gesagt, man kömmt aber von allen Seiten wieder darauf. So suchen wir Sinn in die Körperwelt zu bringen. Die Frage aber ist, ob alles für uns lesbar ist. Überhaupt kann man nicht genug bedenken, daß wir nur immer uns beobachten, wenn wir die Natur und zumal unsere Ordnung beobachten." Die Darmstädter Ausstellung zum 250. Geburtstag Lichtenbergs, die jahrelang in mühevoller Kleinarbeit zusammengetragen wurde, zeugt von seinem lebendigen, wissensdurstigen Geist. Seine Sudelbücher geben deutlichen Einblick, daß der Naturforscher das Unbekannte dem schon Dagewesenen, oder ähnlichem zuordnet. Und zwar nicht im einzelnen, sondern immer der jeweiligen Gattung nach. „Wir haben also schon im voraus entschieden, welche Ähnlichkeiten uns wichtig sind und was wir an Unterschieden außer acht lassen. Und dies muß so sein, da wir sonst nichts im Gedächtnis behalten können. Wenn sich uns alles, was wir behalten *könnten,* als gleich wichtig präsentierte, gingen wir in der Flut der Sinneseindrücke unter. Wir hätten gar keine Möglichkeit, diese Flut zu kanalisieren, um dann erkennend und schließlich wissenschaftlich systematisierend mit ihr umzugehen ... Wenn es doch etwas gäbe, wie in der Chemie Auflösung, wo die einzelnen Teile leicht suspendiert schwimmen und daher jedem Zug folgen können. Da aber dieses nicht angeht, so muß man die Dinge vorsätzlich zusammenbringen. *Man muß mit Ideen experimentieren.*" Wie in der Naturwissenschaft so experimentiert Lichtenberg auch mit der Sprache – „ein sog. artistischer Umgang"! „Sind nicht den Dingen Namen und Töne geschenkt, daß der Mensch sich an den Dingen erquicke? Es ist eine schöne Narretei, das Sprechen: damit tanzt der Mensch über alle Dinge." Ein schöner Gedanke – sich mit Worten davonzuheben!

Für Lichtenberg bestanden Natur und Sprache nicht in einem geschlossenen System. Für ihn ist die Spannung der Dinge und Gefühle entscheidend, Körper und Geist, Leib und Seele, Gefühl und Vernunft – eines ist durch das andere erklär- und faßbar!

Er hatte Scharfsinn und Witz – und konnte sie mit Intelligenz würzen!

John von Neumann (1903–1957)

Mr. Miracle hat die Atom- und die Wasserstoffbombe mit entwickelt, ist der ‚Vater des modernen Computers', galt als der begabteste Mathematiker seiner Zeit und vor allem als der Vordenker in der Zeit des Kalten Krieges in Sachen strategischer Militärpolitik!

Als ihn im Jahre 1956 Knochenkrebs in den Rollstuhl verdammte, wollte die Regierung in Washington trotzdem in ständigem Kontakt mit ihm bleiben – so wurde eine direkte Telefonleitung von dort in sein Schlafzimmer gelegt, und zwei Großlimousinen standen Tag und Nacht bereit, ihn für Besprechungen mit Regierungsmitgliedern abzuholen!

Als Sohn eines jüdischen Bankiers in Budapest geboren, fiel er bereits in jungen Jahren auf: mit sechs Jahren sprach er neben Deutsch fließend Latein und Ungarisch. Sein photographisches Gedächtnis erlaubte ihm, in Sekundenschnelle eine ganze Seite des Telefonbuchs auswendig herzusagen – und zwar in beliebiger Reihenfolge! Während seiner Schulzeit wußte er seine Lehrer immer wieder zu verblüffen, da er meist mehr als sie selbst wußte. Nach dem Abitur fing er in Budapest mit dem Studium der Chemie an. Gleichzeitig schrieb er sich in Zürich und Berlin an der mathematischen Fakultät ein. An der Budapester Universität wurde er nur einmal gesehen – als er sein Examen machte! Im Jahre 1925 in Zürich zum Chemie-Ingenieur graduiert, fing er mit der Promotion in Mathematik in Budapest an. Mit 23 Jahren fing er in Berlin als jüngster Privatdozent zu lehren an.

Als Multitalent pendelte Neumann zwischen Hamburg, Göttingen, Berlin, London und Princeton hin und her, wo er überall Vorlesungen abhielt. Er immigrierte 1933 von Deutschland nach USA und traf auf Einstein, Kurt Gödel (Mathematiker) an der Princetoner Universität. Als ‚Good-time-Johnny' war er überall als flotter Lebemann bestens bekannt. Dies tat ihm allerdings keinerlei Abbruch, als ‚schnellstes Gehirn der Welt' zu gelten (in sieben Sprachen konnte er schneller reden als die meisten Menschen in ihrer Muttersprache!). Als ‚akrobatischer Kopfrechner' besiegte er in den vierziger Jahren seinen eigenen entworfenen Computer (die schnellste Maschine der Welt!) – und dies, um ihn zu testen!

Die letzten 14 Jahre seines Lebens verdiente er sich als ‚Multi-Berater' für Industrie und Militär. Atomforscher, Raketen-Ingenieure und der Geheimdienst gehörten zu seiner Klientel. IBM, Standard Oil und noch andere namhafte Firmen ließen sich von ihm beraten. Die Denkfabrik Rand ließ ihn für sich denken: 200 Dollar im Monat nur für die ‚Ideen, die ihm beim Rasieren so durch den Kopf gehen'!

98 Der geniale Mensch

Neumann hatte 1928 die moderne Spieltheorie begründet und 1944 die esoterische Lehre auf wirtschaftliche und gesellschaftliche Konflikte umfunktioniert. Diese Theorien waren der Grundstein für Amerikas Atom-Strategie im Kalten Krieg.

Über den ‚brillantesten Denker seiner Zeit' – wie er von Kollegen genannt wurde – sagte die Zeitschrift Life einmal: „Neumann fuhr auf der Straße zum Erfolg wie auf einer vierspurigen Autobahn – ohne Rücksicht auf Verkehrsdichte und Tempolimit!" (aus: Der Spiegel 19/1992)

4.2 Die Musiker

„Genie setzt Begabung beziehungsweise Talent voraus, und wenn es sich um ein musikalisches Genie handelt, so muß sich neben einer musikalischen Grundveranlagung und persönlichen Antriebsmomenten auch eine hohe Sicherheit ‚im Erkennen von Tonintervallen und Tonunterschieden' sowie ein vermögendes Erfassen von Tongestalten, von Melodien und Akkorden hinzuaddieren. Musizieren oder Komponieren, was eine Ausbildung voraussetzt, beruhen – wie bereits erwähnt – auf anatomisch-biologischen und geistig-seelischen Voraussetzungen." (Lange-Eichbaum/Kurt, Genie, Irrsinn und Ruhm, Die Komponisten 1985).

Und weiter: „Unter einem Genie verstehen wir einen personalen Schöpfer von erbrachten Musikleistungen, die alle wesentlichen Merkmale von Genialität aufweisen: ‚Es läßt sich also erst sagen, was das Genie ist, wenn man festgestellt hat, was es schafft.' "

Johann Sebastian Bach (1685–1750)

Als vierter Sohn seines Vaters Johann Ambrosius Bach in Eisenach geboren, verliefen die Kinderjahre ohne besondere Vorkommnisse und in fröhlicher Unbefangenheit. Seinem musikalischen Talent wurde wenig Beachtung geschenkt, da sich bereits eine ganze Ahnenreihe – seit 1550 – der Musik verschrieben hatte (Kantoren, Stadtpfeifer, Hofmusiker, Organisten). Mit acht Jahren trat Johann Sebastian Bach zum ersten Mal öffentlich als Chorsänger auf – ansonsten unterrichtete ihn sein Vater auf der Violine und der Bratsche. Als er neun Jahre alt war, starben kurz hintereinander seine Eltern, und die Familie wurde von der Stiefmutter ernährt. Johann Sebastian verlor über diesen Schicksalsschlag nicht sein inneres Gleichgewicht, allerdings läßt sich hierdurch seine religiös-transzendente Grundhaltung erklären. Als gewissenhafter und fleißiger Schüler arbeitete er an seiner Musik schon in jungen Jahren als Autodidakt.

Bereits mit 17 Jahren trat er mit eigenen Kompositionen an die Öffentlichkeit, die allerdings „seine Genialität bei weitem noch nicht ahnen ließen" (Lange-Eichbaum/Kurt). Als Organist und Spezialist für den Orgelbau in Arnstadt und Mühlhausen für einige Jahre fest angestellt, wechselte er als Hofkonzertmeister und Organist unter Herzog Wilhelm Ernst nach Weimar. 1717 wurde er durch den Wettstreit mit dem französischen Klaviervirtuosen Marchand (dieser trat den Wettkampf erst gar nicht an!) mit einem Schlag berühmt. – Von 1717 bis 1723 war er Hofkapellmeister – seine Karriere ging steil aufwärts –, dann Direktor der fürstlichen Kammermusiker bei Fürst Leopold von Anhalt-Köthen. Er hatte zwei Ehen mit insgesamt 19 Kindern. Brandenburgische Konzerte und ab 1722 Kantor an der Thomaskirche in Leipzig. Oratorien, Passionen, Messen, Klavierkonzerte, Violinkonzerte und vieles andere folgten. Bach war ungeheuer produktiv – in der Leipziger Zeit komponierte er rund 300 Kantaten (200 sind heute noch „zugänglich"). Nach einem Schlaganfall 1949 erblindete Bach – trotzdem diktierte er noch einen Choral. Am 28. Juli 1750 starb er an einem Hirnschlag.

Lange-Eichbaum/Kurt: „Bach war überaus schöpferisch aktiv, doch läßt sich sein Gesamtwerk nicht mehr vollständig ergründen, denn rund die Hälfte seiner Werke sind verschollen oder erst gar nicht gedruckt worden. Aufgrund seiner inneren Festigkeit, seines Selbstvertrauens und seiner konstanten Entwicklung zum genialen Wirken zählt Bach zu den gesunden Hochtalenten."

Unter dem Aspekt der Kreativität fragt Weisberg (Kreativität und Begabung): „Wie gelang es Bach, die geforderte Produktivität zu erbringen? ... Wenn man davon ausgeht, daß Bach und andere produktive Komponisten nicht übermenschlich waren, stellt sich die Frage, wie sie die Werke produzierten, die ihnen unablässig abverlangt wurden."

Norman Carrell versuchte, dem auf den Grund zu gehen, und kam zu dem interessanten Ergebnis, daß Bach – wie auch Händel – sehr viele Anleihen aus eigenen früheren Werken zu einer ‚neuen/alten Idee' umarbeitete! So stammen aus Bachs Instrumentalwerken mehr als 255 Zitate aus früheren Werken! Ferner fand Carrell in eben diesen Instrumentalwerken darüber hinaus mehr als 80 Fälle von Anleihen aus den Werken anderer Komponisten (Vivaldi).

Auch bei den Kantatenzyklen verfuhr Bach so: 65 Prozent der heute bekannten Kantaten sind Anleihen aus Bachs eigenen Werken!

„Bach erfüllte die scheinbar übermenschlichen Anforderungen seines Amtes unter anderem durch den sehr menschlichen Kunstgriff der Bearbeitung von etwas Altem, das den neuen Erfordernissen angepaßt wurde. Solche Anleihen galten allerdings nicht als Plagiat. Es war damals gängige musikalische Übung, daß man sein eigenes Werk oder das Werk anderer als Grundlage für eine neue Komposition heranzog. Außerdem bearbeitete und entwickelte Bach diese Anleihen in einem solchen Maße, daß eine genuin neue Komposition entstand." (Weisberg)

Wir werden dasselbe ‚Muster' bei Mozart wiederfinden!

Wolfgang Amadeus Mozart (1756–1791)

„Mozart verwendet oft die gleiche melodische Figur wie Paisiello oder Christian Bach, und doch klingt sie bei ihm anders, strömt sie, von ihm benutzt, eine größere Wärme, eine zartere Innigkeit, eine reizvollere erotische Erregung, einen neuen Adel aus, den wir bei dem Vorbild vergeblich suchen. Wir fragen daher bei dem Genie nicht, *wie* und mit welchen Mitteln es uns etwas sagt, sondern *was* es uns sagt. Und es ist belanglos, ob es in veralteten oder neuen Formen spricht. Stets hören wir die Stimme seines Geistes. Das Geniale des großen Kunstwerkes ist darum bei Mozart, Bach oder Schubert nur schwer ‚mit Händen zu greifen'. Es liegt nicht in einer ‚in die Augen springenden' Originalität, sondern in jenen viel weniger wägbaren Eigenschaften, die man innere Reichweite, Format, Tiefe oder wie immer nennen mag, und die eine musikästhetische Interpretation nur mit differenziertesten Mitteln der Analyse zu verdeutlichen vermag." (Kurt Westphal, Genie und Talent in der Musik, 1977).

Als siebtes und letztes Kind von Leopold und Anna Maria Mozart in Salzburg geboren, spielte Mozart bereits mit drei Jahren Melodien auf dem Klavier vor. Mit sechs Jahren fing er zu komponieren an. Von 1763 bis 1766 reiste er mit seinem Vater und seiner Schwester, dem ‚Nannerl', durch halb Europa und gab Konzerte. Er war das Wunderkind schlechthin. Mozart hatte das absolute Gehör, ein geniales Gedächtnis und eine äußerst differenzierte Kompositionstechnik (Lange Eichbaum/Kurt). Seine Vorbilder waren Haydn, Händel, Bach und dessen Sohn Philipp Emanuel. 1781 überwarf er sich mit dem Fürstbischof von Salzburg und schuf daraufhin ein Meisterwerk nach dem anderen (Entführung aus dem Serail, Zauberflöte). Nach dem Tode seines Vaters 1787 wurde das geordnete Leben immer schwieriger für ihn, er hatte finanzielle Sorgen und verarmte immer mehr. Sein letztes Werk war ein unvollendetes Requiem, das ihm auf dem Totenbett von Freunden gespielt wurde. In einem Massengrab wurde das Genie beigesetzt.

Mozarts früher Tod löste im nachhinein viele Spekulationen aus: „Das Mozartbild war bis vor wenigen Jahren noch heftig umstritten und war weitgehend geprägt von der Auffassung, daß Mozart keineswegs ein syntoner Charaktertypus gewesen sein konnte. Der biogravitive Einfluß auf den frühreifsten aller Komponisten hat sich erhärtet, zumal ihn der Vater ziemlich einseitig gefördert hat. Von Psychopathie (dies trifft nicht zu) bei Mozart zu sprechen, kann nicht allein mit seiner Spielleidenschaft begründet werden, so daß letztlich die entscheidende Frage dahin geht, weshalb Mozart so früh sterben mußte. Sollte sich die These von der Vergiftung als unhaltbar erweisen, so ist der Hinweis auf frühe Infektionen schlagkräftiger, zumal Mozart in seinen Kinder- und Jugendjahren doch ziemlich ‚verheizt' wurde. Insofern – bei beiden Theorien – handelt es sich bei Mozart um ein weitgehend psychisch gesundes Hochtalent bei einer latent-infektiösen Krankheit zum Tode hin." (Lange-Eichbaum/Kurt, Genie, Irrsinn und Ruhm, Die Komponisten)

Im Teil C werden wir auf Bach und Mozart noch im besonderen eingehen.

4.3 Die Philosophen und Denker

„Nach Platon ist Philosophie die Erkenntnis des Seienden oder des Ewigen und Unvergänglichen, nach Aristoteles die Untersuchung der Ursachen und Prinzipien der Dinge.

Das Philosophierenkönnen muß – im Gegensatz zu relativen Begabungen wie zum Beispiel dem musikalischen Talent – als komplexe Begabung angesehen werden, bei der sich die Grundtypen der logischen Begabung und der ‚schöpferischen Geister' kreuzen. Darüber hinaus kann man die bedeutenden Philosophen noch nach ausgesprochenen Sprachlogikern (Wittgenstein) und Sachlogikern (Descartes) differenzieren, aber ebenso bedeutsam ist die schöpferische Leistung (Hegel). Während für die Maler, Komponisten und Schriftsteller noch klar abgegrenzte Begabungsmerkmale zu erkennen waren, könnte man Philosophen als ‚Universalgeister' bezeichnen, die sich auf kein gängiges Sachgebiet beschränken lassen." (Lange-Eichbaum/Kurth, Genie, Irrsinn und Ruhm, Die Philosophen und Denker)

Bertrand Russell (1872–1970)

Als zweiter Sohn seines Vaters John Russell (Lord Amberly) und dessen Frau Kate, Tochter des Lord Stanley of Alderly, kannte Bertrand Russell mit elf Jahren bereits die Geometrie von Euklid. Seine Eltern starben früh, und so wurde er von seiner Großmutter erzogen – von Hauslehrern und Gouvernanten umgeben! Am liebsten hielt er sich einsam im Park auf, um seinen Gedanken nachzuhängen.

Er verlebte eine normale Kindheit, Ernst und Heiterkeit wechselten sich miteinander ab, „seine frühe Lebensdevise lautete: nach Liebe zu streben, dem Drang nach Erkenntnis nachzugehen und mit den Leiden der Menschen mitzufühlen". (Lange-Eichbaum/Kurth, Genie, Irrsinn und Ruhm, Die Philosophen und Denker)

Er studierte Mathematik in Cambridge und schloß seine Studien mit Ethik ab – freisinnig und libertinistisch denkend! Auf der einen Seite war Russell lebenslustig (er heiratete dreimal!), auf der anderen Seite enorm wissenschaftlich interessiert. Mit Comte, Mill, Dante und Leibniz setzte er sich lange auseinander, um sich dann vor allem publizistisch zu betätigen. Außerdem war er Dozent in Cambridge, an der Sorbonne und an drei amerikanischen Universitäten. Er erforschte vor allem die mathematischen Grundprobleme und wurde durch sein Werk – mit dem Philosophen Whitehead zusammen verfaßt – „Principia Mathematica" berühmt.

1908 wurde er zum Mitglied in der Royal Society gewählt und betätigte sich in großem politischen Rahmen. Beim Ausbruch des ersten Weltkrieges trat er gegen die allgemeine Wehrpflicht ein, bekämpfte den Eintritt Englands in den ersten Weltkrieg und unterstützte die Kriegsdienstverweigerer. Er protestierte gegen den Versailler Vertrag, gegen das Hitler-Regime, gegen Stalin, gegen den Antikommunismus, gegen den Atomkrieg und den Vietnamkrieg. Dies brachte ihm viele Feinde ein, so daß er seine amerikanische Dozentur verlor – auch in Cambridge (England). Seiner Antihaltung wegen mußte er während des ersten Weltkriegs sogar in Haft. Er verdiente sich sein Geld weitgehend mit Schriftstellerei – obwohl er ein beträchtliches Vermögen erbte. Er unterstützte politische Organisationen und bedürftige Mitmenschen. 1950 erhielt er von England den ‚Order of Merit' und den Nobelpreis. Er erreichte eine ungeheure Popularität und nutzte diese in den letzten 20 Lebensjahren für die Ziele der internationalen Abrüstung, den einseitigen Verzicht von Atomwaffen, der Beendigung des Vietnamkriegs u. a.

Lange-Eichbaum/Kurth hierzu: „Bertrand Russell gehört zu den gesunden Hochtalenten, wenn er auch zeitweise unter melancholischen Phasen mittelschwerer Art litt, die ihn aber wissenschaftlich arbeitend kaum einschränkten. Der englische Philosoph ist gerade ein Paradebeispiel dafür, wie nahe Gesundheit und Pathologie beieinander liegen."

José Ortega y Gasset (1883–1955)

Einer der großen europäischen Denker war sozusagen ‚vorbelastet': sein Vater war ein sehr bekannter Journalist und seine Mutter (er nahm den Namen seiner Mutter an) entstammte einer namhaften Verlegerfamilie in Madrid. Von Jesuiten unterrichtet, eignete er sich eine strenge Denkschule – auch in Richtung liberal säkularisierten Widerspruchs – an. Er studierte Sprachgeschichte, insbesondere Deutsch (Kant) und promovierte mit 21 Jahren bereits zum ‚Dr. phil.'.

Auf der Suche nach neuen Glaubensgrundsätzen studierte er in Berlin, Leipzig und Marburg Philosophie (Neukantianismus, Bergson, Nietzsche und Dilthey). Auch mit Kunst und Literatur setzte sich der Schöngeist Ortega y Gasset viel auseinander, er schrieb kunstsinnige Essays und erwarb sich auch hierdurch eine namhafte Stellung in der Literaturgeschichte. Als Professor für Metaphysik an der Universität Madrid wurde er zugleich auch ‚Anführer der republikanischen Intelligenz'. Er propagierte die Idee eines neuen Europa, die Gleichheit aller Menschen – leider konnte er gegen das Franco-Regime nichts ausrichten, so daß er 1936 nach Frankreich und Argentinien emigrierte. In den Jahren von 1940 bis 1945 hielt er sich in Deutschland auf – seine Kulturstudien über Deutschland waren der Grund hierfür! Er begründete sogar ein ‚Institut für Humanität'.

Die Recherchen von Lange-Eichbaum/Kurth ergaben:

„Ortegas Irrtum, den er allerdings noch vor seinem Tode zu korrigieren versuchte, lag unter anderem eben in der Täuschung, diese authentische Philosophie in seinem ratio-vitalistischen, anthropozentrisch orientierten Perspektivismus finden zu können. Diese ‚Irrlehre' hat er noch vor seinem Tode zu korrigieren versucht."

Ortega wurde durch sein differenziertes Werk „Der Aufstand der Massen" (bis 1970 rund 40 Auflagen!) berühmt. Eine halbe Million Exemplare wurde davon allein in Deutschland abgesetzt – bis jetzt noch ohne entsprechende Würdigung! „Viele biographische Fakten sind noch nicht greifbar, weniger was die Persönlichkeit Ortegas anbetrifft, sondern seinen politischen und innerlichen Wandel. – Ortega scheint ein gesundes Hochtalent gewesen zu sein. Biogravitive Erlebnisinhalte finden sich vor allem durch seine Emigrationen. Kulturelle Wirkungsstätten: Madrid, Leipzig, Berlin, Marburg, Lissabon, Paris u. a." (Lange-Eichbaum/Kurth)

4.4 Die Dichter und Schriftsteller

Im Gegensatz zu den Malern und Komponisten, die sich sehr früh in ihrer ihnen gemäßen Begabungsrichtung entscheiden, sind vor allem die Schriftsteller über eine längere Zeit hinweg schwankend.

Die Dichter und Schriftsteller weisen insofern kennzeichnende Merkmale auf, als sie alle ehrgeizig, melancholisch und einsam sind. Erweitert man das ‚Raster' etwas mehr, so kommen Selbstvertrauen, Wachsamkeit, Impulsivität – Stimmungsschwankungen und Depressivität hinzu (Lange-Eichbaum/ Kurth). Sie zeichnen sich weiterhin durch Selbstgenügsamkeit und soziale Initiative aus.

Elizabeth Barrett-Browning (1806–1861)

> „Elizabeth Barrett war nicht eine von jenen, die durchs Dichten Dichter werden, noch weniger gehörte sie zu denen, die unermüdlich dichten, ohne je Poeten zu werden. Sie war von jenem Wahnwitz der Musen ergriffen, ohne den, wie Plato so wahr sagt, keine Kunst dem Dichter Zutritt in den Tempel verschafft. Und nicht nur in England wurde man von diesem Taumel der echten Inspiration hingerissen."
>
> *Ellen Key*

Sie gilt als eine der größten Lyrikerinnen Englands und bedeutende Dichterin. Ihr Vater Edward Moulton, ehemaliger englischer Gutsbesitzer in Westindien, vielseitig – vor allem an Literatur – interessiert –, weckte bei Elizabeth das literarische Gespür: noch ganz klein dichtete sie bereits, mit neun Jahren las sie bereits Homer in der Übersetzung von Pope und ‚verschlang' alles Literarische und Philosophische: Voltaire, Hume, Rousseau ließen sie zur Kritikerin werden – aber Werther ‚erschütterte' sie. Keine Sprache war vor ihr sicher: Griechisch, Latein, Französisch, Spanisch, Italienisch und Deutsch studierte sie, um alle Werke in ihrer Originalsprache lesen zu können.

Lange-Eichbaum/Kurth: „Dieser Bildungseifer, gepaart mit ihrem Natursensualismus und der gesuchten Einsamkeit, hat nicht nur auf ihre literarische Entwicklung eingewirkt, sondern dafür gesorgt, daß die Poesie für sie ein Ziel wurde, für das sie ausschließlich lebte."

‚Die Schlacht bei Marathon' war ihr erstes veröffentlichtes Werk (elf Jahre). Mit 15 Jahren zwang sie ein Reitunfall, der sie fast völlig lähmte, in eine Einsamkeit, die sie ihre Literaturstudien noch weiter vertiefen ließ.

Mit der Übersetzung des Äschylus 1835 wurde sie in Fachkreisen bekannt, und 1838 hatte sie bereits den ihr eigenen, unverkennbaren Stil: selbst die flüchtigste Empfindung band sie in ihre Lyrik ein.

Der Tod ihres Bruders Edward, dem sie sehr verbunden war, ließ sie schwermütig werden und langanhaltend erkranken. Bis sie der nicht unumstrittene Dichter Robert Browning aus der geistigen Umnachtung riß. Sie kannten sich nur eineinhalb Jahre, dann heirateten sie – und wurden eines der berühmtesten Liebespaare in dieser Zeit! Ihr bereits langanhaltendes Lungenleiden kam zum Stillstand. Ihre ‚Sonette aus dem Portugiesischen' machten sie so berühmt, daß sogar Hölderlin sie übersetzte! 1849 Geburt ihres Sohnes Wiedemann, der später ein begabter Bildhauer wurde. An den Folgen einer Lungentuberkulose starb Elizabeth Barett-Browning am 29. Juli 1861.

Lange-Eichbaum/Kurth: „Elizabeth Barrett-Browning zählt zu den organisch erkrankten Hochtalenten mit neurotischem Einschlag (Vaterfigur) bis etwa zum 40. Lebensjahr. Ohne die Hilfe ihres Mannes wäre sie vermutlich früher gestorben, doch scheint ein Suizid schon deshalb undenkbar, weil die Dichterin zu tief in der Religion verhaftet war. Auf dem Gipfel ihrer Karriere (mit den ‚Portugiesischen Sonetten') war sie frei von jeglichem psychischen Leiden. Der erste Teil ihres Lebens war erheblich biogravitiv durchsetzt, die zweite Lebenshälfte unbeschwerter."

Francesco Petrarca (1304–1374)

Als Begründer des Humanismus ist Petrarca in die Weltgeschichte eingegangen. Er wurde als Sohn des politisch verfolgten Ser Petraco da Parenzo, Notar in Arrezzo im Arnotal, geboren. In Carpentras, in der Nähe von Avignon, dem Papstsitz, verbrachte er seine Jugendjahre. Mit 14 Jahren ging er nach Montpellier, später nach Bologna, um Rechtswissenschaften zu studieren. Sehr viel lieber jedoch befaßte er sich mit Studien der Antike. Nachdem in dieser Zeit sein Vater starb – die Mutter war schon tot –, nahm er in Avignon die niederen Weihen und schloß Freundschaft mit der Familie Colonna. 1327 begegnete er der schönen und geheimnisvollen Laura de Sade, die fortan seine Bewunderung und Leidenschaft zeitlebens errang. Zwischen seinem 27. und 48. Lebensjahr schuf Petrarca – als ‚artistisches Genie' bekannt – wunderbare Dichtung. Als Vorbild diente ihm Dante. Reisen zum Mont Ventoux, nach Rom beflügelten ihn, doch dann zog er sich in der Einsamkeit von Vaucluse zurück, wo sein Werk ‚Africa' entstand. ‚Canzoniere' folgte – sein berühmtestes Werk (Verarbeitung des Todes Lauras – ‚Psychologie des poetischen Ich': Lange-Eichbaum). Als Dichterkönig, Ehrenbürger Roms und als Freund Roberts des Weisen ging er als päpstlicher

Gesandter nach Neapel, um 1345 nach Südfrankreich zurückzukehren. Weitere Gedichte folgten – Betrachtungen ‚Gespräche von der Weltverachtung' zeigten seine Auseinandersetzung mit einer nicht immer einfachen Welt.

Die Trennung von den Colonas stürzte ihn in ein einsames Wanderleben. Letztendlich wurde er 1361 vom Dogen Lorenzo Celsi in Venedig freundschaftlich aufgenommen. Völlig verbraucht, nach weiteren Stationen in Padua, Ferrara und wiederum Venedig, starb er 1374 an Herzschwäche.

„Ein Mann, der als Begründer des Humanismus in die Geschichte eingegangen ist, kann kein haltloser Psychopath gewesen sein, obwohl zweifellos sensitiv-psychopathische Züge vorlagen, die sich nach seinem Aufenthalt in Venedig verstärkten. Trotz seiner Schwächen war der Dichter ein gesundes Hochtalent ohne Anzeichen einer epileptischen Erkrankung. Andererseits lagen bei ihm aufgrund seiner ‚Heimat- und Ehelosigkeit' sowie seiner unbefriedigten Ruhmsucht biogravitive Erlebnisinhalte zugrunde." (Lange-Eichbaum/Kurth)

4.5 Die Maler und Bildhauer

Maler und Bildhauer gehören ‚dem visuellen Typ' von Menschen an, die Werke schaffen, „die über den Filter der eigenen Wahrnehmung in einer bestimmten Weise mit gewissen Maltechniken reproduziert oder gedeutet nachgebildet werden. Das Auge als Erfasser des Wahrgenommenen gleicht dabei weniger einem Fotoapparat als vielmehr einer Datenverarbeitungsanlage, da nicht nur das Sehen eine Rolle spielt, sondern auch Stimmungen und individuelle Wahrnehmungen das Sehen beeinflussen. ... Ob sich aber Emotionen mit dem ästhetischen Schaffen verschmelzen, sei zunächst dahingestellt. Wenn man an naturgetreue Abbildungen von Objekten denkt (vergleiche vor allem Dürer, Leonardo oder Tischbein), läßt sich keine Stimmung aus dem Dargestellten deuten. Überhaupt stellt sich die Frage, ob, wenn ein genialer Maler einen bestimmten Stil, der sein unverwechselbarer ist, gefunden hat, persönliche Stimmungen in seinem Werk ausgedrückt sind. ... Sicher gibt es auch Künstler, vor allem moderne Maler, die sich von ihren Stimmungen tragen ließen bzw. lassen und diese entsprechend bildhaft ausdrückten beziehungsweise ausdrücken (Stichworte: Regression, Alkohol, Opiate, Meditation) dies ist aber in der Geschichte der Malerei keinesfalls die Regel!" (Lange-Eichbaum/Kurth, Genie, Irrsinn und Ruhm, Die Maler und Bildhauer).

Leonardo da Vinci (1452–1519)

Der Leonardo-Forscher Victor Smetacek kam jetzt ‚der Marotte' des Genies – alles in Spiegelschrift zu schreiben (sein gesamtes Lebenswerk!) auf die Spur: als geborener Linkshänder – zum Rechtsschreiben erzogen, wich Leonardo mit Spiegelschrift aus! Smetacek beobachtete dieses Phänomen bei vielen Linkshändern; so schrieb eine Studentin ihre gesamte Diplomarbeit auf transparentem Papier – in Spiegelschrift!

Leonardo konnte allerdings auch seine Spiegelschrift flüssig – wie normale Schreibschrift – lesen.

Er wurde als unehelicher Sohn eines Notars und eines Bauernmädchens in Anchiano (bei Vinci) geboren und mit fünf Jahren durch die Ehe legitimiert. Er hatte eine sehr enge Bindung zu seiner sehr jungen Mutter und entwickelte einen ungeheuren Ehrgeiz, in allem der beste zu sein. 1469 siedelte er nach Florenz über – bereits zeichnerisch vorgebildet – und wurde 1472 in die Lukas-Gilde der Maler aufgenommen. Sein Lehrmeister war Verrocchio. Das ‚unergründliche Lächeln der Mona Lisa' geht auf dessen Unterricht zurück! „Leonardo war die seltsamste Verkörperung des toskanischen Geistes in seiner Doppelung von wissenschaftlicher Nüchternheit und künstlerischer Phantasie, von echtem Tiefsinn und preziöser Intellektualität." (Lange-Eichbaum)

Als Mathematiker hatte er die Gesetze des menschlichen Körpers aufs genaueste studiert, er ging in einer besonderen Weise mit Licht und Schatten um und befaßte sich neben der Malerei mit Entwürfen von Kanalbauten, Mühlen, Brücken, Flugkörpern. Er lieferte die Entwürfe zur Kanalisierung des Arno von Florenz bis Pisa!

Unaufhörlich steil verlief seine künstlerische Karriere: 1484 die ‚Felsgrottenmadonnen', 1497 das ‚Letzte Abendmahl', ‚Mona Lisa' und ‚Anna Selbdritt'. Er unterrichtete viele Schüler mit hervorragendem Erfolg. 1502 trat er in die Dienste des Hofes der Borgia ein und widmete sich vor allem auch anatomischen Studien. Franz I. von Frankreich schenkte ihm einen Landsitz in Cloux bei Amboise – er hielt ihn für einen der größten Philosophen –, wo er am 2. Mai 1519 verstarb. Obwohl Leonardo unermeßliche Kunstschätze der Nachwelt hinterließ, weiß man sehr wenig über sein Privatleben. Von Natur aus mild, gegen alles Kriegerische, standen seine Entwürfe als militärischer Ingenieur bei Cesare Borgia in krassem Gegensatz. Er war ein Maler der Ambivalenz.

„Obwohl Leonardo homosexuell und narzistisch war und einen starken Geltungsdrang aufwies, kann ihm keine Neurose ‚angehängt' werden, zumal er

108 Der geniale Mensch

eine starke Ich-Struktur hatte. Vielmehr zählt er zu jenen gesunden Hochtalenten, die etwas schwer durchschaubar sind (was Spekulationen Tür und Tor öffnet). Sein biogravites Erleben rührte von seiner offenkundigen und tolerierten Homosexualität her sowie von seiner zeitweisen Entschlußlosigkeit in praktischen Dingen des Lebens. Seine Einsamkeit war eine gewollte, um aus ihr seine künstlerische Kraft zu schöpfen." (Lange-Eichbaum)

Pablo Picasso (1881–1973)

Bis zu seinem Tode 1973 hatte Picasso 25 000 Werke geschaffen (vergleichbar in seiner Arbeitswut mit Telemann.).

Das Picasso-Museum in Paris zeugt davon:

Ab 1900 *blaue Periode,* inspiriert von Isidor Nonell. Er hatte den größten Erfolg mit seiner Ausstellung ‚4 Gats'.

Vielseitig, eigenwillig und widerspruchsvoll in sich, arbeitete er mit großem Verstand und als scharfer Analytiker. So entstand in Paris unter dem Einfluß von Toulouse-Lautrec ‚Moulin de la Galette'.

Ab 1905 *rosa Periode*: ‚Die Gaukler', ‚Bildnis der Gertrude Stein'. Während die Farbe Blau für Schwermütiges und Verklärendes stand, drückte Rosa Lebensfreude und Leidenschaft aus.

Mit ‚Les Demoiselles d'Avignon' leitete er 1907 seine ‚*Neger-Periode*' ein. Matisse, Braque und Apollinaire waren seine nächsten Freunde.

Ab 1909 zusammen mit Braque *analytischer Kubismus.*

1914 Bruch mit dem Kubismus, 1918 Heirat mit der Künstlerin Olga Koklova, 1921 ‚Die Drei Musikanten'.

Surrealistische Periode, 1925 Beteiligung an der ersten Surrealisten-Ausstellung. Kampf gegen den Faschismus Francos mit 100 Kampfparolen-Blättern.

Ab 1937 und später, nach der Besetzung Frankreichs durch deutsche Truppen, Bildhauer- und Keramikarbeiten. 1944 Mitglied der Kommunistischen Partei Frankreichs, 1949 Entwurf der Friedenstaube für den Weltfriedenskongreß in Paris.

Seit 1955 zahlreiche Ausstellungen in Deutschland, Barcelona (Picasso-Museum) und Paris. 1971 Einzug seiner Werke in den Louvre. Am 8. April 1973 starb Picasso an einem Herzschlag auf Schloß Vauvenargues bei Aix-en-Provence.

Picasso zeichnete sich durch eine ungeheuere Vielfalt aus, schon als Kind malte er wie ein Erwachsener, und in hohem Alter arbeitete er wie besessen. „Somit ist er den Leidensweg aller Maler gegangen: Arbeitswut, Todesfurcht, Zwang und Mythos. Picasso rebellierte mit seinen Bildern immer wieder gegen sich selbst. Seine Traurigkeit hat er immer wieder durch seine reinen Schöpfungen kompensiert ...

Picasso gehört zweifellos zu den gesunden Hochtalenten, ein Genie, das ähnlich wie Hindemith mit seiner Kunst fast alle gängigen Stilrichtungen durchstreifte. Kulturelle Wirkungsstätten: Barcelona, Paris, Vallauris, Cannes u. a." (Lange-Eichbaum).

Exkurs über die Maler und Bildhauer

Vergleichbar mit den Komponisten verfügen die Maler und Bildhauer über eine überdurchschnittliche Allgemeinintelligenz, die sich in rascher Auffassungsgabe und spielerischem Lernen ausdrückt. Geniale Maler haben – wie geniale Musiker – einen sehr großen Eigenantrieb, der sich bereits in jungen Jahren in überdurchschnittlichen Leistungen manifestiert. Als Autodidakten treten Maler und Bildhauer erst in späteren Jahren – meist nach ihrer Ausbildung – hervor, während bei den Musikern der ‚Wille zum Eigenlernen' schon in frühester Jugend auftritt. Des weiteren kommt ein starkes Ehrgeizverhalten hinzu (oft gepaart mit Ruhmsucht), das sehr oft in Arbeitsbesessenheit ausarten kann.

Hier „ergeben sich vielmehr verschiedene psychodynamische Verhaltens- und Reaktionsweisen sowie verschiedene Grade der Aktivität (von aktiv bis hyperaktiv). Dabei stehen Ehrgeiz und Aktivitätsgrad in einem kausalen Verhältnis. Ehrgeizige und hyperaktive beziehungsweise produktive Maler waren Blake, Cézanne, Ensor, Gaugin, Heartfield, Kandinsky, Klee, Kubin, Manet, Michelangelo, Modigliani, Munch, Picasso, Raffael, Rembrandt, Tizian und Toulouse-Lautrec." (Lange-Eichbaum)

Eine weitere Begleiterscheinung bei genialen Malern und Bildhauern ist sehr oft eine melancholische Grundstimmung, allerdings nicht so stark wie bei den genialen Musikern, die sehr viel mehr auf sich selbst zurückgeworfen sind. „Das gesunde bildnerische Hochtalent (sowohl frei von psychischen als auch schweren organischen Krankheiten) tritt uns zahlenmäßig, abgesehen von Alterserkrankungen, etwas häufiger gegenüber als bei den Komponisten." (Lange-Eichbaum)

Ein Schaubild soll dies verdeutlichen, das sowohl für Maler und Bildhauer wie auch für Komponisten im weitesten Sinne zutrifft:

110 Der geniale Mensch

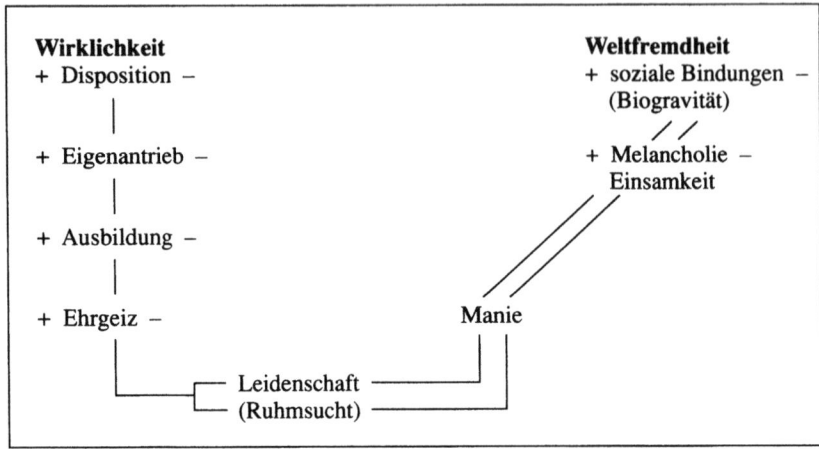

Quelle: Lange-Eichbaum/Kurth, Genie, Irrsinn und Ruhm – Die Maler und Bildhauer, München, Basel, 1986, S. 225

Abbildung 12: Maler – Bildhauer – Komponisten

Anmerkung: wie oben bereits ausgeführt, unterscheidet sich das bildnerische Hochtalent von genialen Komponisten nur im Hinblick auf die spezifische Sonderbegabung und die Häufigkeit von Melancholie.

4.6 Was uns ‚die Geschichte der Genialität' sagt

Dieser Streifzug durch die Geschichte der Genies zeigt uns die ungeheure Vielfalt der Begabungen, Lebensumstände und Schicksale. Aber das geistige Band war immer die große Klammer, die das einzelne Leben umfaßte und zu steuern wußte.

„Genialität erwächst aus ‚Begabungsstrukturen', die einerseits vererbt werden, was Phantasie, hohe Aufnahmefähigkeit, eidetisches Gedächtnis oder Intelligenz (es gibt in der Regel kein durchschnittlich intelligentes Genie), anbetrifft. Das transnorme Phänomen ist damit begründet, daß die fundamental-genetischen Strukturen deutlich höher anzusetzen sind als beim ‚Durchschnittsmenschen'. Andererseits erwächst Genialität aus exogenen Faktoren, die durch Umwelterlebnisse oder durch ein spezifisches Neugierverhalten erworben wurden. Dazu gehören auch handwerkliche Fähigkeiten und (autodidaktische) Weiterbildung. Vererbt werden also nur hohe Eigenschaften neurophysiologischer Prozeßbedingungen beziehungsweise -abläufe im Gehirn. Begabung liegt dann vor, wenn diese Bindungen mit exogenen Faktoren eine günstige Konstellation bilden." (Lange-Eichbaum/Kurth, Bd. 2)

Bemerkenswert in diesem Zusammenhang sind vielleicht noch einige statistische Angaben, die Lange-Eichbaum zusammengetragen hat: in erster Linie waren Erstgeborene geniale Menschen. Von 125 Komponisten, Malern und Bildhauern sowie Dichtern und Schriftstellern entfallen 60,8 Prozent auf Hochtalente. Bei Malern liegt der Anteil bei 50 Prozent, bei den Komponisten bei 51,6 Prozent und die Dichter und Schriftsteller liegen sogar bei 72,9 Prozent.

Bis jetzt hat man hierfür noch keine Erklärung gefunden. Ferner fällt auf, daß es bei den historischen Hochtalenten wenig großgewachsene Menschen gibt. Auch hierfür fand man keine eindeutigen Erklärungen.

Interessant dürfte auch sein, daß die weiblichen Genies in der Regel einen flüssigeren schöpferischen Prozeß aufweisen als die männlichen Genies, zudem sind sie insgesamt gesehen psychisch gesünder.

Ein weiterer Faktor kommt hinzu:

„Der transnorme Ansatz der Persönlichkeitserfassung bei genialen Menschen wird vor allem auch über die ‚Berufszufriedenheit' beziehungsweise den Erfolg deutlich. Bisher gab es die weitverbreitete Ansicht, daß normale, zufriedene Menschen mehr leisten als unzufriedene. So umstritten diese Theorie sein mag, trifft sie auf hochtalentierte Menschen in keiner Weise zu. Diese Persönlichkeiten sind ihrer ‚Mission' nachgegangen, auch wenn sich kein äußerer Erfolg einstellte. Insofern kann sich auch die Frage nach einem Zusammenhang von Genie und Ruhm nicht auf eine persönliche Ebene stellen, sondern nur über das geschaffene Werk, das die kreative Zufriedenheit in günstigster Weise ausdrückt." (Lange-Eichbaum/Kurth)

Hier erinnere ich an das Interview mit Dr. Ida Fleiß!

Zusammenfassend noch einen *Überblick über die Genies der Geschichte*:

1) gesund

Arnim, A.	Haydn	Picasso	Shakespeare
Arnim, B.	Hindemith (3)	Puccini	Shaw
Austen	Holbein	Puschkin	Staël
Bach, J. S.	Homer (?)	Rabelais	Stendhal
Böcklin	Kandinsky	Raffael	Strawinsky
Brahms	Kauffmann	Renoir	Telemann
Busch	Keller (3)	Reynolds	Tischbein
Cervantes	Klee	Rimbaud (3)	Tizian
Colette	Leonardo	Rubens	Velasquez
Constable	Lessing	Sade	Verdi
Dürer	Mendelssohn	Sand	Vigée-Lebrun
Dvořák	Meyerbeer	Sappho	Wagner (3)
Goethe	Morisot	Schiller (3)	Wilde
Hamsun	Mozart (3)	Schönberg (3)	Woolf (5)
Händel	Petrarca	Schostakowitsch	Zola

N = 60

2) organisch krank   3) psychisch belastet

Barrett-Browning	Anderson	Debussy	Mann, Th.
Chopin	Balzac	Dickens	Mansfield
Delacroix	Bartók	Ensor	Meyer
Droste-Hülshoff	Baudelaire	Friedrich	Michelangelo
Gorki	Beethoven	Gauguin	Modigliani
Heartfield	Bellini	Gogh (5)	Munch
Kafka (3)	Benn	Grillparzer	Musset
Keats	Berg	Hebbel	Reger (5)
Molière (39	Berlioz	Hoffmann	Rilke
Proust (3)	Bizet	Joyce	Stifter (5)
Petöfi	Blake	Kleist	Strindberg
Shelley	Brentano	Kollwitz	Tschaikowski
Swift (3)	Bruckner	Kubin (5)	Tolstoi
Tschechow	Byron	Liszt	Toulouse-Lautrec
Weber	Dante	Mahler	

N = 15   N = 43

4) neurologisch krank   5) psychotisch

Büchner	Lenau (5)	Rembrand	Hölderlin
Cezanne	Manet	Schubert	Schumann
Dostojewski	Maupassant (3)	Smetana (5)	N = 2
Flaubert	Paganini	Tasso (?)	
Goya (5)	Ravel	N = 15	
Heine			

Quelle: Lange-Eichbaum/Kurth, Genie, Irrsinn, Ruhm – Die Komponisten, München, Basel, 1986, S. 213

Abbildung 13: Die Genies der Geschichte, vorläufige Wertungen

Listen wir hier nochmals kurz die *Fähigkeiten der hier aufgezeigten historischen Genies* auf:

- Umwandlung von bereits gefundenen Ideen zu ‚genuin neuen Werken'
- Innere Reichweite, Format und persönliche Tiefe
- Autodidaktisches Verhalten
- Spielerisches Lernen
- Spezielles Neugierverhalten
- Unverminderte Eigenmotivation, die in Mission einmündet
- Phantasie u. v. a.

neben einer überdurchschnittlichen vorhandenen Intelligenz.

Teil C

Das Gesetz der inneren Logik

1. Intelligenz

Wir haben gesehen, daß insgesamt alle Lebensläufe der hier aufgeführten ‚historischen Genies' im Zusammenhang mit einem hohen Intelligenz-Quotienten gestanden haben.

Salopp gesagt: ohne Intelligenz läuft nichts! Dies steht nun einmal fest.

Aber was ist nun Intelligenz? Wie kann man sie exakt erfassen – und was sagt sie wirklich aus?

Wir alle kennen den landläufigen IQ-Test, der uns mehr oder weniger unserer Intelligenz versichert. Aber genügt dies, um allen Anforderungen beruflicher und privater Art gerecht zu werden – heute, morgen und in Zukunft? Und vor allem im Management-Bereich, wo alle Disziplinen zusammenlaufen?

Um uns kundig zu machen, sollten wir uns ein wenig mit der Intelligenzforschung beschäftigen!

1.1 IQ und Leistungsniveau

Es gibt viele empirische Studien, die einen engen Zusammenhang zwischen beidem feststellten. So fand beispielsweise der Forscher *Freehill* im Jahre 1961, daß Kinder mit einem hohen IQ – im Vergleich zu Gleichaltrigen – bei den meisten kognitiven Leistungen (zum Beispiel Problemlösungen, Lerngeschwindigkeit, Handhabung von Zahlen) bessere Leistungen erzielten. *Barbe* stellte fest, daß Kinder mit einem IQ über 148 kreativer als andere mit einem niedrigeren IQ sind (1964), und *Hollingworth* konnte bereits im Jahre 1942 belegen, daß Kinder mit einem extrem hohen IQ (>180) bereits sehr frühe intellektuelle Interessen entwickelten und in Schule und Studium überdurchschnittlich erfolgreich waren.

Die bekannteste Studie ist von *Roe* aus dem Jahre 1953, der 67 erfolgreiche Biologen, Physiker und Sozialwissenschaftler einem IQ-Test unterzog. Der Durchschnitt des IQ dieser Gruppe lag bei 166 Punkten!

Dies erscheint einleuchtend! Und doch ergaben diese und andere Studien, daß eine relativ große ‚Ausnahmezahl' vorhanden war, das heißt, Personen mit einem niedrigen IQ erzielten auch sehr gute Leistungen, und umgekehrt!

Was nun?

Michael Waldmann und *Franz E. Weinert* stellen fest (in: Intelligenz und Denken, Verlag für Psychologie, Dr. C. J. Hogrefe, Göttingen 1990):

„Hier das bekannte ‚Hühnchen-und-Ei-Problem': Ist ein hoher IQ die Ursache dafür, daß Menschen besser lernen und mehr leisten, sind vorausgehende Lernleistungen eine notwendige Bedingung des Intelligenzniveaus, oder sind IQ und effektives Lernen im Verlauf der Entwicklung so voneinander abhängig, daß kein einseitiges Bedingungs-Wirkungs-Verhältnis angenommen werden kann? Schließlich stellt sich im Zusammenhang mit dieser Frage auch das Problem, daß Intelligenzniveau und sozialer Status in der Regel konfundiert sind."

Die Studie von *Miles* (1946) belegt, daß Hochbegabte vorwiegend aus höheren sozialen Schichten stammen mit einem entsprechenden Bildungsniveau.

„Angesichts dieser komplizierten Zusammenhänge des IQ mit Milieu- und Sozialisationsdaten läßt sich nur schwer abschätzen, welchen Einfluß die Intelligenz, unabhängig von den Umweltbedingungen, auf die Schul- und Berufsleistungen hat. Leider gibt es so gut wie keine Hochbegabtenstudien, die diese Konfundierung vermeiden." (siehe oben)

Sieht man nun vom Sozialstatus ab, so ist die im Jahre 1925 von *Terman* und seinen Mitarbeitern durchgeführte Studie in Kalifornien die umfassendste und prominenteste. Terman suchte Kinder aus San Francisco und Los Angeles mit einem IQ über 140 und unter elf Jahren. Hinzu nahm er noch eine Gruppe von Kindern zwischen dem 11. und dem 14. Lebensjahr mit einem leicht niedrigeren IQ als der oben benannte. Der mittlere IQ dieser 643 Kinder betrug 151, wobei nur elf Kinder einen IQ unter 140 hatten! Im späteren Berufsleben waren die Leistungen dieser Kinder überdurchschnittlich. Siebzig der damals getesteten Kinder waren als Erwachsene im Jahre 1959 im „American Men of Science" aufgeführt, drei waren Mitglieder der „National Academy of Science", zehn wurden im „Directory of American Scholars" und 31 im „Who's who in America" genannt!

Obwohl man geneigt ist, diesen Untersuchungen Glauben zu schenken, erwies sich durch weitere Untersuchungen – *Sears* im Jahre 1984, *Wohlwill*, 1980 und andere –, daß keine unbedingte Kausalität zwischen hohem IQ und Leistungsniveau gegeben ist.

„Die besten Vorhersagen scheint der IQ zuzulassen, wenn man Schulnoten oder noch besser den IQ zu einem späteren Zeitpunkt als Kriterium heranzieht ...

Eine naheliegende Kritik bezweifelt die Güte der Kriteriumsmaße wie Studienleistungen, Noten, Lehrerurteil, berufliches Einkommen und setzt einfach den Begriff Hochbegabung mit hohem IQ gleich. So berechtigt die Kritik an den herkömmlichen Kriterienmaßen ist, so unbefriedigend ist letztlich auch die gezogene Konsequenz." (Waldmann und Weinert, siehe oben).

Sehr viel einleuchtender ist es, das starre Raster des IQ aufzugeben und von verschiedenen Fähigkeiten auszugehen. Diese multiplen Fähigkeiten oder ‚fluiden Intelligenzen' wollen wir jetzt näher betrachten, denn diese garantieren eo ipso eine hohe Managementeffizienz.

1.2 Die fluiden Intelligenzen

Howard Gardner, Psychologe, der an der Harvard University, an der Boston University School of Medicine und am Boston Veterans Administration Medical Centre unterrichtet, hat mit seinem 1991 erschienenen Buch „Abschied vom IQ. Die Rahmen-Theorie der vielfachen Intelligenzen" breites Aufsehen erregt.

Aufbauend auf vielen Jahren psychologischer Forschung, legt Gardner die Beweise für seine Theorie vor, daß jeder Mensch eine Vielzahl von ‚Intelligenzen' – mindestens sieben – entwickeln kann, die mit sogenannten Standardtests gar nicht erfaßt werden können. Erst das Zusammenspiel dieser vielfachen Intelligenzen ergibt wirklich menschlich kompetentes Verhalten.

„Endlich – und das ist mein wichtigstes und zugleich wohl ehrgeizigstes Anliegen – hoffe ich, daß sich die hier dargelegte Betrachtungsweise als nützlich für Politiker und Praktiker erweist, die sich mit der ‚Förderung von Menschen' befassen. Das Training und die Erweiterung des Intellekts liegt gewiß im internationalen Trend: Der Weltentwicklungsbericht der Weltbank, der Essay des ‚Club of Rome' über antizipatorisches Lernen und das ‚Venezuelan Project of Human Development' sind nur drei Beispiele für viele neuere Unternehmungen. Zu häufig haben sich in Projekten dieser Art engagierte Fachleute fehlerhafte Theorien über Intelligenz oder Kognition zu eigen gemacht und Programme unterstützt, die wenig Erfolg hatten oder sich sogar als kontraindiziert erwiesen. Um diesen Forschern eine Hilfe zu bieten, habe ich einen theoretischen Rahmen entwickelt, der auf der Theorie multipler Intelligenzen basiert und auf jede pädagogische Situation angewandt werden kann. Wird dieser Rahmen angenommen, könnte das zumindest die Theorien entkräften, die zum Scheitern verurteilt scheinen, und jene bekräftigen, die eine Erfolgschance haben." (Gardner)

Bevor wir uns – nach Gardner – den einzelnen Intelligenzen zuwenden, vorab noch eine Definition über die Voraussetzungen von Intelligenz schlechthin:

120 Das Gesetz der inneren Logik

Es ist notwendig:

- ein Sortiment von Fähigkeiten zu haben, die echte Probleme und Schwierigkeiten lösen können, und Methoden und Vorrichtungen hierfür zu erfinden.
- Probleme zu entdecken und zu schaffen, um die Basis für *neues* Wissen zu legen.

Meines Erachtens ist der zweite Punkt der wichtigere, denn schon immer hat man nur die ‚Problemlösung' in den Mittelpunkt gestellt!

Gardner spricht von einem ‚Set von Wissen', das untereinander austauschbar und ersetzbar ist, je nach Umständen und sachlichen Belangen.

‚Fluide Intelligenzen' besagt das Zusammenfließen der einzelnen Fähigkeiten.

Vorab jedoch jetzt die spezifischen Intelligenzen.

Die linguistische Intelligenz

Sie erinnern sich an die Aussagen von *Gabriel García Márquez,* Nobelpreisträger:

„Schreiben ist viel schwieriger, als manche denken. Jeden Tag meines Lebens schreibe ich vier bis sechs Stunden, eine Seite pro Tag – und ich bin glücklich, wenn ich *das* schreiben konnte, was ich *wollte*. Man muß das Leben zum Besseren verändern."

Und weiter:

„Ich arbeite in einem rigoros geordneten Chaos – im Chaos des Lebens! Es gibt kein größeres Glück, als wenn die Arbeit vorangeht, wenn ich beim Schreiben das Gefühl habe, daß mir jemand nahtlos das diktiert, was ich schreibe." Marquez ist ein Schriftsteller par excellence – im wahrsten Sinne des Wortes: „Seit 45 Jahren schreibe ich – ich habe eine lange Erfahrung mit der poetischen Umsetzung der Wirklichkeit."

Und trotzdem fällt ihm das Schreiben nicht leicht – eine Seite pro Tag –, die dann so ist, wie er sich dies in seinem Innersten vorgestellt hat, jedes einzelne Wort sagt das aus, was er fühlte und dachte!

Auch T. S. Eliot hatte als Lyriker große Mühe, die richtige, *stimmige* Wortwahl zu treffen, wie auch der Lyriker Stephen Spender, der mindestens zwanzig Fassungen eines Gedichtes schrieb, bis die endgültige Fassung seinem ‚inneren Bild' entsprach.

Intelligenz 121

Wichtig ist, daß der Leser die Stimmigkeit des Gesamtbildes nachempfinden und spüren kann und mit dem Verfasser sich in einer Gemütsverfassung befindet (siehe persönliche Äußerungen von Gabriel García Márquez!).

Gardner hierzu: „Wenn wir über Bedeutungen oder Nebenbedeutungen eines Wortes sprechen, befinden wir uns im Bereich der Semantik, der Erforschung der Bedeutung, die allgemein als in der Sprache zentral betrachtet wird. Eliot hat einmal bemerkt, daß die Logik des Lyrikers zwar anders gelagert, aber ebenso streng ist wie die eines Wissenschaftlers. Außerdem setze die Anordnung der Imagination ‚die gleiche Kopfarbeit wie die Anordnung von Beweisführungen' voraus. Wo die Logik des Wissenschaftlers Feingefühl für die Implikationen eines Theorems oder Gesetzes auf ein anderes erfordert, geht es in der Logik des Lyrikers um das Feingefühl für Schattierungen von Bedeutungen und dafür, was sie für benachbarte Wörter implizieren oder ausschließen. So, wie niemand ein guter Wissenschaftler sein kann, ohne die Gesetze der logischen Folgerung zu beachten, kann niemand behaupten, ein Lyriker zu sein, der keine Sensibilität für die Interaktion zwischen linguistischen Nebenbedeutungen mitbringt."

Sind wir nicht hier wiederum ganz nah beim Titel meines Buches „Die Logik des Genialen"? Gerade das kreative Moment unterliegt einer gewissen Logik; sagen wir ruhig, *dem Gesetz der inneren Logik*!

Die in sich gelungene Wortkombination setzt eine ungeheure Sensibilität voraus.

„Diese Spezies – der Lyriker – besitzt ein Verhältnis zum Wort, das unsere gewöhnlichen Fähigkeiten übersteigt; er verfügt über ein Repertoire der Anwendungen, die bestimmte Wörter in früheren Gedichten erfahren haben. Diese Kenntnis der Geschichte des Sprachgebrauchs befähigt den Lyriker zu eigenen Wortkombinationen in seinen Gedichten. Solche neuen Kombinationen stellen, wie Northrop Frye behauptet, unsere einzige Möglichkeit dar, neue Welten zu erschaffen."

Wie sagte Eleanor Traylor auf dem Zermatter Kreativitäts-Symposium so deutlich:

„I want to create a vision for me – forget the pain, how it was: born black! We have to create our circumstances for happiness – not pain!

Eine neue Welt, eine neue Sicht – zuerst in Worten, Sätzen, die Gefühle und Verstehen auslösen – und dann vielleicht imstande sind, wirklich neue Realitäten zu erschaffen!

Obwohl wir alle keine Lyriker und Poeten sind und somit diese Art von Befähigung nicht haben, können wir doch erstaunlich gut mit Worten, Inhalten umgehen!

Gardner: „Tatsächlich ist linguistische Kompetenz die Intelligenz – die intellektuelle Kompetenz –, die unter den Menschen am weitesten und demokratischsten verbreitet zu sein scheint. Während der Musiker oder der bildende Künstler – ganz zu schweigen vom Mathematiker oder Sportler – Fähigkeiten zeigt, die der Durchschnittsperson fern liegen oder sogar unerklärlich sind, scheint der Lyriker einfach Kapazitäten zu beträchtlicher Höhe entwickelt zu haben, über die in gewissem Umfang alle normalen und sogar viele subnormale Personen verfügen. Somit kann der Lyriker als geeigneter und zuverlässiger Führer in die Domäne der linguistischen Intelligenz dienen."

Werfen wir einen kurzen Blick auf *die Sprache an sich*. Wir alle wissen, daß ‚Übung den Meister macht'. So auch hier!

Auch Sprache will geübt sein, so lautete die Devise Sartres: ‚Kein Tag ohne Zeile!' Er sagte über sich selbst: ‚Ich schrieb, um zu schreiben.'

Neben der Übung ist allerdings die *Sprachbeherrschung* von entscheidender Bedeutung. Diese hängt sehr stark mit einem speziellen Gedächtnis für Eindrücke, Erfahrungen und Atmosphäre zusammen. In der Sprache verdichten sich sodann diese Erlebnisse, die beim Leser ein vollständiges Bild der Gesamtatmosphäre hinterlassen.

Linguistische Intelligenz kann geübt werden – allerdings geht sie sicherlich auch auf eine glückliche genetische Anlage zurück.

Die Forschung hat festgestellt, daß „die Fähigkeit, Sprachbotschaften schnell zu verarbeiten – eine Voraussetzung für das normale Sprachverständnis – von einem intakten Schläfenlappen abzuhängen scheint; Verletzungen oder abnorme Entwicklungen in diesem neuralen Bereich genügen im allgemeinen, um Sprachbeeinträchtigungen hervorzurufen." (Gardner).

Normalerweise hat die Sprache ihren Sitz in der linken Hirnhälfte (Rechtshänder), erstaunlicherweise konnte man jedoch bei linkshemisphärisch verletzten Kindern feststellen, daß sie im Verlaufe der Zeit doch relativ gut sprechen lernten. Offensichtlich übernahm die rechte Hirnhälfte diese Funktion. Allerdings mit einer Einschränkung: Sie konnten nur einfache Sätze verstehen – verschlüsselte Inhalte und bestimmte Wortdeutungen konnten diese Kinder nicht entschlüsseln!

Die Forschung zeigte, daß mit fortschreitendem Alter „der Grad der Lokalisierung linguistischer Funktionen" sich stabilisiert, das heißt, bei Verletzungen im höheren Alter kann die Sprachfunktion von der anderen Gehirnhälfte nicht mehr übernommen werden, so daß eine Sprachstörung vorgegeben ist. Es hat sich herausgestellt, daß „die Sprache im eigentlichen Sinn – bezogen auf phonetische, syntaktische und bestimmte semantische Fähigkeiten – als relativ autonome Intelligenz angesehen werden muß." (Gardner)

Geht man über das Moment der Sprachbeherrschung hinaus und betrachtet man *Sprache als Werkzeug* (Gardner), so steht hier weniger die Wortwahl als die Vermittlung von Ideen und Informationen im Vordergrund.

Die Geisteswissenschaftler beispielsweise – Historiker, Literaturwissenschaftler und andere – wollen dem Leser aufgrund ihrer Recherchen und Studien Einsichten in Probleme vermitteln, die sie sozusagen für ihn interpretiert haben. Sie gehen auf Fakten, Aufzeichnungen, Indizien u. a. zurück – sie vermitteln dem Leser eine Botschaft! Daher ist für sie weniger die exakte Wortwahl als vielmehr die Information als solche wichtig!

Gardner faßt zusammen:

„In einem weit zurückliegenden Stadium der Evolution könnten Musik und Sprache aus einem gemeinsamen expressiven Medium hervorgegangen sein. Aber jenseits dieser Spekulation scheinen diese beiden Fähigkeiten des Menschen seit vielen Jahrtausenden auseinanderzustreben und dienen heute verschiedenen Zwecken. Gemeinsam ist ihnen, daß sie im Gegensatz zu räumlichen und logisch-mathematischen Intelligenzformen weder eng an die Welt physischer Objekte noch – wie sich in den unterschiedlichen Formen der personalen Intelligenz zeigt – an die Welt anderer Personen gebunden sind."

Die musikalische Intelligenz

Bei der musikalischen Intelligenz handelt es sich – wie auch bei der linguistischen Intelligenz – um eine autonome Intelligenz, das heißt, sie ist von anderen Fähigkeiten unabhängig. Verschiedene Versuche und Forschungsergebnisse zeigten, daß es sich hier um ein angeborenes Kerntalent handelt. Allerdings hängt es vom Milieu des Betroffenen ab, inwieweit diese Begabung zum Tragen kommt.

Wir haben sowohl bei der Vita Bachs als auch Mozarts gesehen, daß sie in äußerst musikalischer Umgebung aufgewachsen sind und entsprechend frühzeitig unterrichtet wurden!

Vor allem bei Mozart entspringen die Musikstücke faktisch aus dem Kopf!

Vor allem der zeitgenössische amerikanische Komponist *Roger Sessions* hat sich mit diesem Phänomen befaßt. Er berichtet, daß ein Komponist ständig Töne und Melodien im Kopf hat, die musikalische Muster bilden.

„Das Komponieren beginnt in dem Augenblick, in dem sich diese Ideen allmählich vergeistigen und Gestalt annehmen. Das dem Komponisten vorschwebende musikalische Bild kann alles sein – vom einfachsten melodischen, rhythmischen oder harmonischen Fragment bis zum fast vollständig ausgearbeiteten Stück – aber es nimmt in jedem Fall die Aufmerksamkeit des Komponisten in Beschlag, und seine musikalische Imagination beginnt, mit diesem Bild zu arbeiten." (Gardner) Also auch hier ist wieder das Bild im Mittelpunkt – wie in der Schriftstellerei und der Lyrik!

Unbewußt erfolgt sodann ein Auslese-Prozeß. „Wenn das Konzept tragfähig und fest gegründet ist, beherrscht es jeden Zug, den der Komponist von nun an macht ... Die Auswahl wird innerhalb eines bestimmten Rahmens getroffen, der einen zunehmend größeren Einfluß auf das Entstehende ausübt." (Sessions, bei Gardner zitiert.)

Und weiter sagt Sessions:

„Was ich logisches musikalisches Denken genannt habe, ist eine konsequente Ausarbeitung eines nicht nachlassenden musikalischen Impulses, in dem das Ergebnis immer schon implizit war. Keinesfalls ist es eine scharfsinnige Kalkulation dessen, was ... als nächstes geschehen muß. Die aurale Imagination ist einfach die Art, in der das Ohr des Komponisten funktioniert; völlig zuverlässig und der Richtung sicher, die es einzuschlagen gilt, im Dienst eines klar geplanten Konzepts."

Dieses Zitat möchte ich nachhaltig unterstreichen: die musikalische Kreativität wird hier mit Logik erklärt – eine kausale Kette von Prozessen sozusagen, die von der ersten genialen Eingebung an ausgehen!

Woher kommen nun diese Ideen? Gardner ist fündig geworden und zitiert in seinem Buch *Harold Shapero,* einen zeitgenössischen amerikanischen Komponisten:

„Der musikalische Geist arbeitet vorwiegend mit den Mechanismen des Klanggedächtnisses. Er kann nicht kreativ tätig werden, bevor er eine beträchtliche Vielfalt an Klangerfahrungen gemacht hat ... Ein musikalisches Gedächtnis, dessen physiologische Funktionen intakt sind, macht keine Unterschiede; ein großer Teil des Gehörten sinkt ins Unbewußte und läßt sich originaltreu wieder zurückrufen."

Shapero beschreibt weiterhin die unbewußte Selektion aller Klanginformationen. Wir werden hier an den kreativen Prozeß mit seinen verschiedenen Phasen erinnert!

Arnold Schönberg hat dies unübertreffbar so formuliert: „Der Komponist entschleiert die innerste Natur der Welt und bietet tiefste Einsichten in einer

Sprache, die seine Vernunft nicht versteht; etwa so, wie ein Schlafwandler Enthüllungen über Dinge machen mag, von denen er im Wachzustand keine Ahnung hat." (bei Gardner)

Wenn musikalisches Verständnis sozusagen eine unabhängige ‚Kernanlage' ist, dann stellt sich die Frage, wie man die musikalische Intelligenz fördern und steigern kann. *Jeanne Bamberger,* Musikerin und Entwicklungspsychologin am Massachusetts Institute of Technology, hat versucht, musikalisches Denken zu interpretieren:

Sie fand folgendes Muster:

1. Bis zum achten, neunten Jahr entwickelt sich das musikalische Verständnis eines Kindes auf der Basis reiner Begabung und Energie. Dank seines musikalischen Gehörs und Gedächtnisses lernt es ohne Schwierigkeiten – sozusagen spielerisch.
2. Ab dem neunten Jahr entscheidet es sich, ob das Kind ‚ernsthaft üben' will, und dies sehr oft auf Kosten der Schule und Freundschaften. Es muß also bereits eindeutig eine musikalische Priorität gesetzt werden.
3. Mit 14, 15 Jahren entscheidet sich dann endgültig, ob man ‚dem Ruf' folgen und die Musik über alles stellen soll.

Ein Vergleich mit anderen Kulturen zeigt (beispielsweise Japan, Nigeria), daß Musikalität nicht allein von der Genetik abhängig ist, vielmehr die frühe Schulung und der Umgang mit Klängen, Rhythmen und Instrumenten zu erstaunlich hohen Leistungen führen kann.

Doch auch das Gegenteil kann der Fall sein: obwohl als frühe ‚Wunderkinder' erkannt, können diese im späteren Leben durch mehrere Krisen zu ‚Versagern' werden. Charakter, Persönlichkeit und Motivation spielen eine nicht unerhebliche Rolle hierbei! Hinzu kommt ein ‚Muß' der Interpretierfähigkeit von Musik.

Musik ist eigenständig wie Sprache, dies haben Tests und Forschung ergeben.

Ein Versuch: Verschiedene Personen wurden gebeten, sich eine Tonfolge zu merken. Dabei wurden sie verschiedenen ‚Störungen' ausgesetzt (erstens andere Töne, zweitens eine Zahlenliste).

Beim ersten Fall vermischten sich die ursprünglichen Töne mit den zweiten Tönen (Fehlerquote bei 40 Prozent). Im zweiten Fall ließen sich die Versuchspersonen nicht beeinträchtigen, sie konnten die ursprüngliche Tonfolge mit wenigen Fehlerquellen (nur zwei Prozent) wiedergeben! Forschungen ergaben weiterhin, daß die musikalische Intelligenz ihren Sitz in der rechten Hemisphäre bei normalen Rechtshändern hat. Beim intensiven Training kann es vorkommen, daß jedoch der linkshemisphärische Einfluß zunimmt. Die Gründe hierfür sind noch nicht eindeutig geklärt: sei es, daß Musik im Zusammenhang mit Worten mehr links (Linguistik) ihren Platz einnimmt, sei es, daß die musikalische Datenverarbeitung ihren Standort wechselt.

Feststeht, „daß Musik wie Sprache eine separate intellektuelle Kompetenz ist, die nicht von physischen Objekten der Welt abhängig ist. Wie bei der Sprache kann die musikalische Geschicklichkeit in hohem Maße einfach durch Training und Nutzung des oral-auralen Kanals erhöht werden." (Gardner).

Wie sind nun die Prozesse, die von der Musik zu anderen intellektuellen Bereichen ausgehen?

Viele Wissenschafter betrachten die Musik als Schlüssel zum menschlichen Denken (Levi-Strauss), betonen die enge Beziehung zwischen Musik und Körpersprache (Tanz), und auch zur räumlichen Intelligenz. So behauptet der Psychologe *Lauren Harris,* „daß Komponisten auf ausgeprägte räumliche Fähigkeiten angewiesen sind, um die komplexe Architektur einer Komposition entwerfen und überprüfen zu können. Seine Hypothese ist, daß das Fehlen weiblicher Komponisten nicht auf Schwierigkeiten mit der musikalischen Datenverarbeitung an sich hinweist (dagegen spricht die große Anzahl von Sängerinnen und Interpretinnen), sondern mit den geringeren Leistungen von Frauen bei räumlichen Aufgaben zusammenhängt" (nach Gardner). Dies ist ein interessanter Aspekt, auf den man nicht ohne weiteres kommen würde, der aber in der Erklärung einleuchtend ist!

Wie bereits erwähnt, ist ein enger Zusammenhang mit der Sprache gegeben, vor allem – nach neuesten Untersuchungen – im Hinblick auf die Wahrnehmung und Produktion. Allerdings muß man bei der Musik den semantischen Bereich, der bei der Sprache eine große Bedeutung hat (siehe linguistische Intelligenz), ausschließen.

Die engste Korrelation ist jedoch bei Musik und Mathematik gegeben. Bereits im abendländischen Mittelalter hatte das Studium der Musik mit dem der Mathematik viel gemeinsam, beispielsweise wiederkehrende Muster, Proportionen, Gesetzmäßigkeiten.

Gardner: „Nach meiner Ansicht gibt es in der Musik eindeutig mathematische Elemente der ‚höheren' Mathematik, die man nicht unterschätzen sollte. Um die Funktion der Rhythmen in Musikwerken richtig erfassen zu können, sind einige fundamentale numerische Kompetenzen nötig. Musik machen und hören erfordert eine Sensibilität für Regelhaftigkeiten und metrische Verhältnisse, die sehr komplex sein können. ... Wenn es um fundamentale musikalische Strukturen geht – Wiederholungen, Transformationen, Einbettungen, alle Arten von Beziehungen –, ist mathematisches Denken einer höheren Kategorie implizit. (Mozart komponierte sogar Musik mit Hilfe des Würfels!)"

Wir werden dies im folgenden sehen!

Die logisch-mathematische Intelligenz

„Der Mathematiker erschafft Muster wie der Maler oder Lyriker; aber mathematische Muster zeichnen sich dadurch aus, daß sie mit größerer Wahrscheinlichkeit unvergänglich sind, weil sie aus Ideen bestehen: ‚Ein Mathematiker hat keine Materialien, mit denen er arbeitet, deshalb werden seine Muster wahrscheinlich länger bestehen, weil Ideen weniger als Wörter verschleißen', meint G. H. Hardy" (Gardner). Mathematiker lieben die Abstraktion – Mathematik als exakte Wissenschaft basiert auf der Grundlage der Logik, ein Schritt folgt dem anderen, Kausalität vorgegeben!

Russell sagt zur Logik und Mathematik: „Es ist jetzt völlig unmöglich geworden, eine Grenzlinie zwischen beiden zu ziehen; sie sind tatsächlich eins. Der Unterschied ist der zwischen Knabe und Mann: Logik ist die jugendliche Mathematik, und Mathematik ist die erwachsene Logik."

Poincaré (siehe Ausführungen über den kreativen Prozeß!) unterscheidet zwei mathematische Fähigkeiten:

1. Das reine Gedächtnis für die Glieder einer Gedankenkette.
2. Das Verständnis für die Verknüpfungen zwischen den mathematischen Behauptungen.

Letzteres ist die entscheidende Fähigkeit, denn damit hat man die Richtung, in die die Beweiskette läuft, verstanden und könnte – je nach Belieben – diese auch wieder selbst erstellen.

„Jedermann kann mathematische Elemente neu kombinieren ... erschaffen heißt eigentlich, keine unsinnigen, sondern sinnvolle Kombinationen herzustellen; und davon gibt es nur wenige. Erfinden heißt urteilen, auswählen ... Unter den ausgewählten Kombinationen sind die fruchtbarsten oft diejenigen, die aus weit entfernten Bereichen entstammenden Elementen zusammengesetzt sind."

Und trotzdem darf man das Moment der Intuition nicht vernachlässigen. Ich erinnere an die Fuchsschen Kurven und Poincarés intuitiven Lösungsprozeß!

Gardner hierzu: „Viele Mathematiker ahnen eine Lösung oder Richtung, lange bevor sie die einzelnen Schritte festgelegt haben. Stanislaw Ulam, ein zeitgenössischer Mathematiker, berichtet: Wenn man als erster etwas tun möchte, ist es mit Beweisketten nicht getan. Man ist sich nur gelegentlich bewußt, daß etwas im Gehirn den laufenden Prozeß überwacht und lenkt; etwas, das vermutlich aus vielen, simultan funktionierenden Teilen besteht."

In der neuen Richtung der Mathematik scheint gerade hier der besondere Reiz zu liegen, etwas aus der Luft zu greifen und es beweisbar zu machen – sozusagen dingfest!

Einstein mit seiner Relativitätstheorie ist ein schlagender Beweis hierfür – er brauchte Jahre, um seine geniale Idee zu beweisen.

Seine eigenen Worte hierfür:

„In mancher Hinsicht war meine Relativitätstheorie elementar. Wie ich einmal einem Journalisten erklärte, kommt es auf folgendes hinaus: Wenn ein Mann eine Stunde lang mit einem hübschen Mädchen zusammen ist, so kommt ihm das wie wenige Sekunden vor; setzt er sich aber wenige Sekunden auf eine heiße Herdplatte, dann erscheint ihm das wie eine Stunde. Das ist meiner Meinung nach Relativität. Ich glaube überhaupt nicht an das allgemeine Urteil, meine Theorie sei so schwierig, daß nur wenige Menschen auf der Welt in der Lage seien, sie zu verstehen. Ich denke, jeder Student, der seine Arbeit ernsthaft verfolgt und Grundkenntnisse in Theoretischer Physik besitzt, dürfte überhaupt keine Schwierigkeit haben, die Idee hinter meiner Relativitätstheorie zu verstehen. Meiner Meinung nach begann vielmehr ein geheimnisvoller Nimbus um meine Theorie zu wachsen. Immerhin waren der Gedanke, ein Lichtstrahl könnte sich unter bestimmten Bedingungen sichtbar krümmen, waren die Vorstellungen, der Raum selbst sei gekrümmt, neue Ideen, die bei manchen beträchtliche Bestürzung auslösten, während sie andererseits dazu beitrugen, mir großen Ruhm einzubringen. Das alles hängt zusammen mit jenem angesprochenen Nimbus. Alles Geheimnisvolle im Universum ist für den Durchschnittsmenschen von großem Interesse. Wenn also jemand daherkommt und versucht, alles zu enträtseln, so wird er sofort zum Gegenstand großer Neugier, und sein Ruhm und seine Popularität breiten sich aus." (aus: Peter A. Bucky, Der private Albert Einstein, Econ 1991)

Welche Bescheidenheit aus dem Munde eines solchen Genies!

Blickt man in die Geschichte zurück, so zeigen die Biographien großer Mathematiker, daß sich logisch-mathematisches Talent bereits sehr früh zeigt. Oft schon mit drei, vier Jahren, angeregt durch ein spezielles Ereignis, ein interessantes Muster, einen physikalischen Versuch.

Nach den Erkenntnissen von *Alfred Adler* – einem führenden Mathematiker, der sich mit der speziellen mathematischen Begabung befaßt – ist der Zenit eines

Mathematikers bereits mit 35/40 Jahren überschritten. Die geistige Frische läßt nach, die Brillanz des Denkens! Denn vor allem die Speichermöglichkeit im Gehirn ist der ausschlaggebende Faktor für mathematisches Können!

Welche Bedeutung hat nun die mathematisch-logische Intelligenz im speziellen und im allgemeinen in Interaktion zu anderen Intelligenzen?

Schon immer gab man dieser Intelligenz im Abendland die größte Bedeutung. Sie bedeutete ‚Intelligenz schlechthin'!

Gardner möchte dieses Urteil revidiert wissen:

„Nach meiner Ansicht stellen die mathematisch-logischen Fähigkeiten weit eher eine Intelligenz unter anderen dar; Fähigkeiten, die ausgezeichnet zur Lösung gewisser Probleme geeignet, aber anderen in keiner Weise überlegen sind oder sie sogar überwältigen werden. (Es gibt sogar verschiedene Logiken mit unterschiedlichen Stärken und Grenzen.) Wie wir in früheren Kapiteln gesehen haben, gibt es eine Logik der Sprache und eine Logik der Musik; aber diese Logiken haben ihre eigenen Regeln, und selbst die stärkste Dosis mathematischer Logik wird nichts an der Arbeitsweise der ‚heimischen Logiken' ändern. Natürlich gibt es produktive Interaktionen zwischen logisch-mathematischen und räumlichen Intelligenzen; beim Schachspiel, in der Technik und in der Architektur ... Es steht außer Frage, daß es viele Verbindungen zwischen der logisch-mathematischen Intelligenz und den übrigen Intelligenzen geben kann. ...

Kann es ein Zufall sein, daß sich so viele Mathematiker und Wissenschaftler von Musik angezogen fühlen? Und was ist mit den verblüffenden Gemeinsamkeiten zwischen den fruchtbaren Ideen in Bereichen wie Musik, bildender Kunst und Mathematik? ... Jede Intelligenz hat ihren eigenen Ordnungsmechanismus, und die Art, in der sie ihre Ordnung vornimmt, spiegelt ihre eigenen Prinzipien und ihre bevorzugten Medien wider."

Die Logik des Genialen – vielleicht müßte ich jetzt hier in der Mehrzahl, von den Logiken sprechen!

Die räumliche Intelligenz

„Wichtig für die räumliche Intelligenz ist die Kapazität, die visuelle Welt richtig wahrzunehmen, die ursprüngliche Wahrnehmung zu transformieren und zu modifizieren und Bilder der visuellen Erfahrung auch dann zu reproduzieren, wenn entsprechende physische Stimulierungen fehlen. Man kann aufgefordert werden, Formen zu erzeugen oder vorgegebene Formen zu manipulieren." (Gardner)

Ich erinnere an *Zaha M. Hadid*, mein Interview und ihre persönlichen Aussagen:

„Befreiung und Lösung von alten Strukturen: ich löse die alten Regeln der Architektur in neue Regeln auf."

„Befreiung in jeglichem Sinne, Findung eigener Regeln und Bündelung verschiedener, extremer Kräfte!"

Gardner drückt das so aus:

„Bisher haben wir gesehen, daß die räumliche Intelligenz eine Art lose untereinander verbundener Kapazitäten umfaßt: die Fähigkeit, die Identität eines Elementes zu erkennen; die Fähigkeit, ein Element in ein anderes zu transformieren oder eine solche Transformation zu erkennen; die Fähigkeit, eine mentale Vorstellung zu erzeugen und dergleichen mehr."

Hinzu kommen noch zwei weitere Momente:

- das Gefühl für die Spannung zwischen den Kräften visueller und räumlicher Art,
- die Entdeckung von Ähnlichkeiten, die zwischen unähnlichen Formen (von außen betrachtet!) und Erfahrungsbereichen bestehen.

Wir befinden uns hier auf der Gefühlsebene: Intuition, Visionen spielen mit herein: auch Blinde könnten diese Zusammenhänge erahnen und erfassen, es ist die ‚innere Sicht der Dinge', wie ich hier sagen möchte, die unser Leben unsichtbar bestimmt und ihm Richtung gibt!

In der Forschung gab es viele Streitigkeiten, welche Stellung die räumliche Intelligenz einnehmen soll und tatsächlich einnimmt (L. L. Thurstone, Truman Kelley, A. A. H. El-Koussy und andere) – Gardner spricht von ‚einer separaten Intelligenz':

„Beim jetzigen Stand der Diskussion und im Licht der Faktorenanalyse vieler Intelligenztests scheint es vertretbar, räumliche Intelligenz als gesonderte Form des Intellekts zu betrachten; als eine Gruppe untereinander verwandter Fähigkeiten; vielleicht ist sie sogar die einzige Gruppe von Fähigkeiten, die von den meisten Forschern als eigenständig anerkannt wird. In der Sicht anderer ist räumliche Intelligenz die ‚andere' Intelligenz gegenüber der ebenso wichtigen ‚linguistischen' Intelligenz. Die Dualisten sprechen von zwei Systemen der Repräsentation – von einem verbalen und einem bildhaft-vorstellungsmäßigen Code; die Lokalisierer verlegen den linguistischen in die linke und den räumlichen Code in die rechte Hemisphäre."

Verwirrung ist angesagt! Aber nochmals Gardner – zur Lösung und Entwirrung:

„Einer solchen Zweiteilung des Intellekts stimme ich nicht zu. Aber ich erkenne an, daß die linguistische und die räumliche Intelligenz die wichtigsten Mittel zur Darstellung und Lösung der meisten experimentalpsychologischen Aufgaben sind."

Das genügt – wir geben uns damit zufrieden!

Die Forschung ist sich indes einig, daß räumliche Intelligenz in der rechten Hemisphäre angesiedelt ist (rechter Partiellappen).

Im Gegensatz zur linguistischen und musischen Intelligenz ist die räumliche Intelligenz bei Kindern nicht so entwickelt, wie man annehmen würde: die Strukturierung der Einzelelemente – und vor allem die Wiedergabe (Anfertigung einer Skizze oder eines Plans) erscheint Kindern im schulpflichtigen Alter als sehr schwierig. Die Anordnung muß geübt werden – aber die Wiedergabe, sprich Codierung, bleibt einer gewissen Begabung vorbehalten.

Künstler haben ganz ungewöhnliche räumliche Fähigkeiten – so sagte *Einstein* einmal über sich selbst in diesem Zusammenhang (bei Gardner zitiert):

„Die geschriebenen und gesprochenen Wörter der Sprache scheinen in meinen Denkschematismen keine Rolle zu spielen. Die psychischen Entitäten, die Elemente meines Denkens zu sein scheinen, sind Zeichen und mehr oder weniger klare Bilder, die sich willentlich reproduzieren oder kombinieren lassen. Diese Elemente sind in meinem Fall visueller und auch muskulärer Art."

Leonardo da Vinci verfügte über ein hervorragendes visuelles Gedächtnis – er konnte Porträts aus dem Kopf malen, nachdem er sich einen Tag mit seinem Modell beschäftigt hatte! Er beobachtete ganz genau die ihn umgebende Welt, Licht und Schatten, innere Spannungen, Ähnlichkeiten, Transformierungen, Strukturen – seine Schüler wies er an, über die Risse in einer alten Mauer zu meditieren – und verarbeitete dann diese inneren Bilder zu einem harmonischen Ganzen. Objekte regen zur Gestaltung an – aber Farben, Formen und Licht sind die wirkliche Kunst.

„Letztlich herrscht in aller Kunst eine definitive Logik, die sie von der bloßen Imitation der Natur fort und in größere Nähe zu exakter Forschung rückt. Der englische Maler John Constable erklärte vor zwei Jahrhunderten: ‚Malen ist eine Wissenschaft und sollte als Untersuchung der Naturgesetze verstanden werden. Weshalb sollte man Landschaftsmalerei nicht als Zweig der Naturphilosophie verstehen, in der Bilder die Rolle wissenschaftlicher Experimente spielen?'

Clive Bell äußerte sich wie folgt über dieses Thema: ‚Virginia (Woolf) und Picasso gehören zu einem anderen Menschenschlag; sie waren eine andere Spezies; ihre geistigen Prozesse unterschieden sich von den unsrigen ... sie schufen ihre Maßstäbe selbst; und doch bewerteten wir nach diesen Maßstäben – die wir in diesem Augenblick nicht nur akzeptierten, sondern uns aneigneten – alles, was diese beiden Künstler schufen. Ihre Schlüsse waren ebenso überzeugend wie die der Mathematiker, obwohl sie auf ganz anderen Wegen gewonnen wurden.'" (Gardner)

Wiederum wird hier von *Logik* gesprochen – der unsichtbaren, aber entscheidenden!

Werfen wir noch einen abschließenden Blick auf den Zusammenhang der räumlichen Intelligenz mit anderen Intelligenzen. Ganz eindeutig hängt diese Intelligenz – im Gegensatz zur linguistischen und musischen Intelligenz – mit Objekten dieser Welt zusammen und zwar ganz konkreten (die mathematische Intelligenz verliert sich im Abstrakten).

Im folgenden lernen wir eine Intelligenz kennen, die ganz an die eigene Person gebunden ist.

Die körperlich-kinästhetische Intelligenz

In unserer heutigen Gesellschaft sind Schlagworte besonders beliebt, ersetzen sie doch Denkmechanismen und Einfühlungsvermögen – und das Gegenüber ist rasch zufriedenzustellen! Im übrigen hat man kundgetan, daß man ‚in' ist!

So ist es auch mit dem Begriff der nonverbalen Kommunikation – der Körpersprache! Was kann man alles von ihr ableiten, sie soll sozusagen ‚ein Spiegel der Seele' sein, und, und, und ...

Leider vergißt man jedoch, daß der Körper eine unzertrennbare Einheit mit dem Geist bildet, beide steuern einander. So darf man sie auch nicht getrennt betrachten – und deuten.

In der Pantomime kommt dies ganz deutlich zum Ausdruck. Der Körper gibt das wieder, was der Geist vorher genau beobachtet und registriert hat. Es ist sozusagen eine zeitverschobene Wiedergabe einer anderen Situation und/oder Person. Wie schwierig dies ist und welche Faszination von diesem großen Können ausgeht, wissen wir alle: Marcel Marceau – heute 70 Jahre – zog sein Publikum immer wieder in seinen unerklärlichen Bann. Er löste Emotionen – ohne Worte – aus, viel mehr konnte er mit dem Ausdruck seines Körpers bewegen, als die Sprache je vermocht hätte.

Desgleichen ist uns der Tanz als Ausdrucksform sehr nahe. Denken wir an noch ursprüngliche Kulturen, so ist der Tanz hier immer noch mit das wichtigste Ausdrucksmittel.

Auch der Schauspieler ist da angesiedelt. Nicht nur Beobachtungsgabe, Körperbeherrschung, Stimmvolumen etc. sind gefragt, vielmehr ein sehr genau funktionierendes Gedächtnis für Szenen, Gesichtsausdrücke, Atmosphäre und vieles andere mehr. – Die *Rekonstrukturierung* der Wirklichkeiten muß so glaubhaft sein, daß der Funke zum Publikum überspringt und eine wechselseitig geistige Atmosphäre zustande kommt. Hierfür setzt er bewußt oder unbewußt seinen Körper mit der gesamten Gestaltungskraft ein.

Zum Sport noch die Worte von *Reinhold Messner*:

„Ich glaube, es gibt keine Genies, sondern es gibt nur Können, es gibt nur Arbeit, es gibt nur intensives Auseinandersetzen mit den Sachen, die man eben machen will. Wenn es jemand oberflächlich macht, nur halbherzig – halbherzig ist in diesem Zusammenhang ein sehr schönes Wort – also nicht mit der letzten Begeisterung – dann ist er eben kein Genie!"

Und weiter:

„Ich bin immer noch der Meinung, daß Genialität mehr mit Identifikation als mit Brillanz im Kopf zu tun hat oder mit Genie, wie es üblicherweise verstanden wird. ... nur die innere Idee läßt mich diese Grenzleistungen vollbringen!"

Vielleicht verstehen wir jetzt diese Worte – nach der Aufteilung der allgemeinen Intelligenz in verschiedene Intelligenzen – besser, vor allem unter dem Gesichtspunkt der ‚fluiden Intelligenzen'!

Die Körperintelligenz ist ganz eng mit dem Objekt – dem eigenen Körper verbunden, so daß wir jetzt von drei objektbezogenen Intelligenzen sprechen können:

– der logisch-mathematischen
– der räumlichen
– der körperlich-kinästhetischen

Letztere ist nach innen gerichtet, auf sich selbst – im Gegensatz zu den zwei erstgenannten.

Eine weitere Intelligenz, die nur mit uns selbst zu tun hat, aber auf unsere Umwelt ausstrahlt, ist die personale Intelligenz.

Die personalen Intelligenzen

Es ist ungewöhnlich, personale Intelligenzen in den engen Kontext zur ‚Intelligenz schlechthin' zu bringen – Gardner unternimmt diesen Versuch und unterscheidet zuerst einmal:

- die intrapersonale Intelligenz
- die interpersonale Intelligenz

Erstere befaßt sich mit dem Zugang zum eigenen Gefühlsleben im Gegensatz zur zweiten, wo der Umgang nach außen, mit der eigenen Umwelt im Mittelpunkt steht.

Beide Intelligenzen sind eng miteinander verbunden, keine kann sich ohne die andere entwickeln, denn vom eigenen Verhalten aus pflegen wir den Umgang mit anderen.

Bei den personalen Intelligenzen trifft man auf eine ungeheure Vielfalt von Erscheinungsformen. Denken wir nur an die Vielzahl von Möglichkeiten im Umgang mit sich selbst und der umgebenden Welt, den verschiedenen Kulturen, Symbolen, Wertsystemen, dann sehen wir deutlich die einzelnen ‚Raster' vor unserem inneren Auge!

Diese Bedeutungsvielfalt kann hier nicht im einzelnen aufgeschlüsselt werden, aber eines steht fest – ich zitiere Gardner: „... auf der untersten Ebene beruhen die beiden personalen Intelligenzen auf je einer nach innen und einer nach außen gerichteten Informationsverarbeitungskapazität, die zum Geburtsrecht aller Menschen gehören. Diese Tatsache verpflichtet zur Untersuchung. Die Fähigkeit, sich selbst und andere zu erfahren, ist ein ebenso unveräußerlicher Teil der Conditio humana wie die Fähigkeit, Objekte oder Töne zu erfahren, und sie verlangt nicht weniger nach Untersuchung als die anderen weniger ‚heiklen' Formen. Personale Intelligenzen mögen eine von den bereits untersuchten Intelligenzformen abweichende Entstehungsgeschichte haben, aber wie ich schon eingangs bemerkte, besteht kein Grund zu erwarten, daß ein beliebiges Paar von Intelligenzen vollständig vergleichbar ist. Wichtig ist, daß sie zum intellektuellen Repertoire des Menschen gehören sollten, und daß ihre Ursprünge auf der ganzen Welt mehr oder weniger ähnlich sind."

Heute wissen wir mehr denn je, wie wichtig personale Fähigkeiten im Alltag und Berufsleben sind. Glück, Zufriedenheit, Erfolg, Menschenführung – kurz unsere gesamte Kommunikation und unser Lebenskontext ist davon abhängig. Nicht umsonst wird die Liste der ‚Lebensratgeber'-Bücher jedes Jahr verdoppelt! Denn: „Je weniger eine Person die Gefühle, Antworten und Handlungen anderer versteht, desto wahrscheinlicher ist es, daß sie unangemessen mit ihnen interagiert und sich deshalb keinen Platz in der Gesellschaft sichern kann." (Gardner)

Und weiter: „Hier soll nur noch betont werden, daß man die Haupteigenschaften beider Gesichter der Entwicklung – die Aufmerksamkeit anderen gegenüber und die Beherrschung der sozialen Rolle oder die Konzentration auf das eigene Selbst und die Gewalt über das persönliche Leben – bei allen Menschen wahrnehmen kann. Die Gewichtungen mögen differieren, aber die Tatsache, daß man ein unverwechselbares Individuum ist, das dennoch in einem sozialen Kontext aufwachsen muß – ein Individuum im Fühlen und Trachten also, das sich auf andere verlassen muß, um seine Aufgaben zu erfüllen und seine Leistungen beurteilen zu können – ist ein unausweichlicher Aspekt der ‚Conditio humana', der fest in unserer Artzugehörigkeit verwurzelt ist."

Ich erinnere hier an das Interview mit Helmut Maucher – zur Motivation sagt er: „... ich schlüpfe nie in ein falsches Kleid, meine Erfahrung ist, wenn ich das bin, was ich bin, und das bleibe, daß ich damit am glaubwürdigsten bin und daß das am besten akzeptiert wird."

In einem Wort: Selbstidentifikation.

Überaus deutlich wird dies in seinem gerade veröffentlichten Buch ‚Marketing ist Chefsache' (Econ Verlag 1992):

„Aber man muß seine eigene Identität, seine eigene Persönlichkeit mit einer neuen Erfahrung, einer neuen Dimension anreichern. Das gilt insbesondere für die jüngeren Leute. Sie werden automatisch in diesen neuen Raum mit mehr Sprachen, mehr Kommunikation hineinwachsen. Sie bleiben Deutsche, sie bleiben Franzosen, aber sie haben die neue europäische Dimension erfaßt, genau wie sie den Computer verstanden haben."

Und zum Binnenmarkt meint er: „In Zeiten von Veränderungen gibt es immer auch neue Chancen und – neue Bedrohungen. Es gibt Leute, die sagen, daß nur ein Drittel der Unternehmen überleben, nicht die großen, sondern die tüchtigen. Auf jeden Fall werden wir eine stärkere Polarisierung erleben. Jeder muß sehen, wo am Schluß sein Geschäft ist, ob er eine Nische bearbeitet, eine Region, eine Spezialität, oder ob er ein globaler Mitspieler sein wird, in einer Form, für die andere Größenordnungen gelten. Geschäfte gibt es auf verschiedenen Ebenen, nur muß das Geschäft so betrieben werden, wie es von vornherein als Ziel festgelegt worden ist."

Auf die Frage nach der Vergleichbarkeit der beiden personalen Intelligenzen mit den vorherig aufgeführten Intelligenzen läßt sich ganz eindeutig erkennen, daß es sich hier (nach Gardner) um eine umfassendere Intelligenzform handelt, „eine mehr im Sinne der Kultur und Geschichte tätige, wahrhaft neue Intelligenz; eine Form, die letztlich die Kontrolle über Intelligenzen ‚primärer Ordnung' zu übernehmen bestimmt ist. – Ich bezweifle, daß sich die Frage der ‚Besonderheit' der personalen Intelligenzen exakt beantworten läßt. In mancher Hinsicht sind diese Intelligenzformen ebenso fundamental und biologisch wie die anderen: den Ursprung der intrapersonalen Intelligenz kann das Individuum anhand der direkt erfahrenen Gefühle bestimmen, und die Herkunft der interpersonalen Form anhand der der direkten Wahrnehmung anderer Personen. In diesem Sinne entsprechen die personalen Intelligenzen unserer üblichen Annahme einer Basisintelligenz."

Wir haben die „sieben Arten der Intelligenzen" hiermit kennengelernt – Fähigkeiten, die jeder von uns mehr oder weniger einzusetzen weiß, je nach Situation, Umständen und Dringlichkeit.

Wir haben hiermit ein *„intellektuelles Repertoire"* das uns beruflich und privat weiterzuhelfen weiß. Wir sind damit imstande, Probleme zu entdecken, neue Lösungsansätze zu finden und überhaupt unser Wissen auf eine insgesamt neue Basis zu stellen.

Wir können mit Hilfe der linguistischen Intelligenz neue Welten schaffen, uns unserer Umwelt verständlich machen, neue Einsichten für unsere Person erschließen und vieles mehr.

Wir können in Analogie zur Musik neue Kausalketten von Prozessen einleiten, deren Ergebnis schon von Anfang an implizit vom ersten Schritt an festgelegt ist, das heißt die richtige Richtung wird intuitiv und nach dem ästhetischen Ausleseraster eingeschlagen (Poincaré).

Wir setzen simultane Prozesse in Gang, wobei jeder einzelne Prozeß von der ihr eigenen Logik gesteuert wird – siehe die neue Mathematik. Beweisketten sind nicht mehr das Primäre, vielmehr das Wissen um die eigentliche Lösung, ehe noch der erste Schritt überhaupt getan wurde (Relativitätstheorie von Einstein).

Wir können die uns umgebende Welt visuell wahrnehmen, räumlich erfühlen in Bildern und Transformationen. Wir entdecken so die Spannungen zwischen den Dingen, die geheimen Vernetzungen und deren langanhaltende Auswirkungen. Raum und Zeit lassen sich auf einmal miteinander verbinden und geben uns entsprechende Lösungen, die dann auch funktionieren.

Aufgrund unserer personalen Intelligenz gelingt uns eine Selbstidentifikation, die nicht nur unsere eigene Person, vielmehr auch die unserer Umwelt mit einschließt, so daß uns neue Führungsqualitäten zuwachsen.

All dies sind Potentiale, die wir nicht vergeuden dürfen, denn sie sind mehr oder weniger in uns angelegt. Und gerade im Management unseres heutigen Wirtschaftssystems sind diese Fähigkeiten mehr denn je dringend erforderlich.

Wie wir gehört haben, sind diese Fähigkeiten trainierbar – und zwar von Jugend an. Im Hinblick auf die kommenden Dekaden muß daher eine bevorzugte Hochbegabtenförderung erfolgen.

Denn immer mehr ist ‚innovatives Lernen' gefragt – ‚Learning with no limits'!

Im nächsten Kapitel wollen wir uns damit befassen.

2. Hochbegabung

Douglas R. Hofstadter, seit Monaten auf der Bestsellerliste mit seinem Buch „Gödel Escher Bach ein Endloses Geflochtenes Band" sagt unter anderem zum Phänomen Intelligenz:

„Niemand weiß, wo die Grenze zwischen nichtintelligentem Verhalten und intelligentem Verhalten liegt; wahrscheinlich ist es sogar töricht zu sagen, daß eine scharf gezogene Grenze existiert. Aber sicherlich sind die folgenden Eigenschaften wesentliche Voraussetzungen für Intelligenz:

- sehr flexibel auf die jeweilige Situation reagieren;
- günstige Umstände ausnützen;
- aus mehrdeutigen oder kontradiktorischen Botschaften klug werden;
- die relative Wirklichkeit verschiedener Elemente in einer Situation erkennen;
- trotz trennender Unterschiede Ähnlichkeiten zwischen Situationen finden;
- trotz Ähnlichkeiten, die sie zu verbinden scheinen, zwischen Situationen unterscheiden können;
- neue Begriffe herstellen, indem man alte Begriffe auf neuartige Weise zusammenfügt;
- Ideen haben, die neuartig sind."

Die Mehrdimensionalität der Wirklichkeiten kommt hier sehr deutlich zum Ausdruck – alles ist miteinander vernetzt, in einem verborgenen, geheimen Dialog sozusagen, einer ‚Seltsamen Schleife', die das Endliche mit dem Unendlichen verbindet. Bei Bach zeigt dies der Kanon, – die immer wiederkehrende Melodie mit neuen Beziehungsmustern, manchmal bis hin zum Labyrinth, aber doch immer wieder entwirrbar; bei Escher die visuellen verschiedenen Beziehungsebenen in seinen Lithographien und Bildern. Hier sind alle objektiven Wahrnehmungserfahrungen aufgehoben, wir befinden uns in einem visuellen Karussell, wo Horizonte untergehen und Linien nicht deutbar sind. Seine Lithographie „Relativität" aus dem Jahre 1953 zeigt dies deutlich (siehe Seite 139).

Hofstadter hierzu: „Wir sitzen da und lassen uns von den Treppen, die in alle möglichen Richtungen gehen, und von den Menschen, die sich auf einer einzigen Treppe in widerspruchsvollen Richtungen bewegen, erheitern und verwirren. Diese Treppen sind ‚Inseln der Gewißheit', auf die wir unsere Interpretation des Gesamtbildes stützen. Nachdem wir sie dann identifiziert haben, versuchen wir, unser Verständnis zu erweitern, indem wir ihre Beziehung zueinander festzustellen suchen. In diesem Stadium kommen wir in Schwierigkeiten. Aber wenn wir versuchten, unseren Weg zurückzuverfolgen, d. h. die ‚Inseln der Gewißheit'

Hochbegabung 139

© 1953 M. C. Escher (Cordon Art–Baarn–Holland)

Abbildung 14: Relativität

in Frage zu stellen, kämen wir ebenfalls in Schwierigkeiten, wenn auch anderer Art. Es besteht keine Möglichkeit zurückzugehen und zu ‚un-entscheiden', daß es sich um Treppen handelt. Es sind keine Fische, keine Finger, keine Hände – es sind einfach Treppen. (Es gibt tatsächlich einen einzigen anderen Ausweg – nämlich, daß man alle die Striche des Bildes vollständig uninterpretiert läßt wie die bedeutungsleeren Symbole eines formalen Systems. Dieser letzte Notausgang ist ein Beispiel für die Reaktion im ‚U-Modus' – eine Zen-Haltung gegenüber dem Symbolismus.)"

Eine Paradoxie in sich werden Sie sich fragen beim Lesen dieser Zeilen? In gewisser Weise ja – denn „solche Welten sind in der Tat denkbar, einfach indem wir diese Vorstellung erfanden: in einem tieferen Sinne sind sie aber gänzlich undenkbar. ... Im Ernst jedoch: es hat den Anschein, daß wir uns für eine gemeinsame Grundlage entscheiden müssen, wollen wir überhaupt fähig sein zu kommunizieren, und diese Grundlage muß die Logik so ziemlich mit einschließen." (Hofstadter)

Hier haben wir wieder unser spezielles ‚Stichwort' – *die grundsätzliche Entscheidung zur Logik,* und zwar nicht in mathematischem Sinne, sondern aus der inneren Sicht der Dinge!

Die Vernetzungen der fluiden Intelligenzen entbehren ebenfalls nicht der inneren Logik – wie wir gesehen haben.

Ein Blick auf die ‚Wunderkinder' unserer Zeit soll dies verdeutlichen.

2.1 Wunderkinder

Hochbegabte haben von vornherein ein anderes Denkraster:
- sie denken flexibel – und doch gründlich (der Sache gemäß),
- sie denken vernetzt und komplex – und können doch vereinfachen,
- sie setzen Phantasie, Intuition und Kreativität ein und dies sozusagen spielerisch,
- sie können sich gedanklich ausblenden – und jederzeit wieder einblenden, und dies auf dem gleichen Wissensstand wie andere!

Aber wie erkennt man nun Hochbegabung, und zwar frühzeitig genug, um der Begabung – und auch dem Kind – gerecht werden zu können?

Untersuchungen haben ergeben, daß ungefähr zwei Prozent der Schüler einen IQ von 130 bis 135 haben – also hochbegabt sind. In der ‚alten' Bundesrepublik entspricht dies rund 160 000 Schülern! Und weitere Untersuchungen haben ergeben, daß die Lehrer nicht einmal die Hälfte dieser Hochbegabten entdecken! Denn Schulnoten und Beurteilungen der Lehrer sind nicht entscheidend; wie viele Begabte fühlen sich schlichtweg unterfordert und leiden daher an Konzentrationsmangel, Unlust und Demotivation – kurz gesagt, sie erwecken einen total falschen Anschein!

Das *Bundesministerium für Bildung und Wissenschaft* hat in einer Broschüre zwei ausführliche Fragebogen für Eltern und Lehrer entwickelt, um diesem Mißstand abzuhelfen (veröffentlicht in Toni Meissner, Wunderkinder, Ullstein Verlag, Frankfurt 1991, Seite 248 ff.).

Fragebogen für Eltern

Das Kind ...

- ... ist schon als Baby auffallend lebhaft. ☐
- ... fixiert bereits bald nach der Geburt Menschen und Dinge. ☐
- ... nimmt außergewöhnlich früh Bewegungen und Geräusche wahr. ☐
- ... reagiert schon nach wenigen Wochen auf seine Umwelt mit Lächeln. ☐
- ... nimmt mit seiner Umwelt eher als andere Babys Kontakt auf. ☐
- ... entwickelt sich körperlich schnell (dreht sich, sitzt und läuft früher als andere Kleinkinder). ☐
- ... braucht für sein Alter wenig Schlaf. ☐
- ... beginnt schon früh, artikuliert zu sprechen. (Professor Eder, der Vater des begabten Elmar Eder, weist jedoch darauf hin, daß manche Kinder erst lange einen passiven Wortschatz aufbauen, den sie dann aber unversehens schnell aktivieren. So habe Einstein erst mit vier Jahren gesprochen.) ☐
- ... hat einen reichhaltigen Wortschatz mit ungewöhnlichen Wörtern und kann sich gewählt ausdrücken. ☐
- ... hat ein gutes Gedächtnis für Gedichte, Lieder und Ereignisse, die seine Eltern vielleicht schon lange vergessen haben. ☐
- ... ist sehr wißbegierig und löchert seine Eltern mit Fragen. ☐
- ... möchte für gewöhnlich ganz genau wissen, wie etwas funktioniert. ☐
- ... macht sich Gedanken über vielerlei Themen wie zum Beispiel Regeln, Normen, andere Menschen oder Gott. ☐
- ... hat ein ausgeprägtes Rechtsempfinden. ☐
- ... wird ungehalten, wenn man es mit unzureichenden Antworten abspeist. ☐
- ... lernt leicht und schnell, wobei es kaum einer Wiederholung von Anleitungen und Erklärungen bedarf. ☐
- ... lernt vor der Einschulung ohne größere Hilfe lesen und beschäftigt sich dann häufig mit Nachschlagewerken und Atlanten. ☐
- ... vergleicht viel und stellt Ähnlichkeiten oder Unterschiede gegenüber, zum Beispiel bei Personen, Begriffen, Ideen und Erfahrungen. ☐
- ... verblüfft durch logisches Denken und hat oft eine knappe, angemessene Antwort parat. ☐
- ... ist ein „Träumer" und überrascht seine Umwelt mit originellen Ideen, Vorschlägen, Plänen und Lösungen. ☐
- ... hat einen außergewöhnlichen Sinn für Humor. ☐
- ... besteht schon früh darauf, vieles selbständig zu tun (zum Beispiel sich allein anziehen, waschen, Knöpfe und Reißverschlüsse schließen, essen usw.). ☐

... zeigt in manchen Situationen eine auffällige Unabhängigkeit, zum Beispiel beim Besuch von Freunden, dem Beschaffen von Informationen usw. ☐
... führt mechanische Arbeiten, bei denen man nicht nachdenken muß, lustlos oder gar nicht aus. ☐
... bevorzugt Spiele, die vom Kombinationsvermögen (Organisieren, Sortieren, Klassifizieren) und nicht vom Glück abhängig sind. ☐
... zeigt ungewöhnliche Fertigkeiten im Umgang mit Konstruktionsspielen. ☐
... kann sich mit einem bestimmten Interessengebiet (Wissensbereich, Sammeln, musische Tätigkeit) über lange Zeit konzentriert beschäftigen. ☐
... geht in selbstgestellten Aufgaben konzentriert auf und neigt zum Perfektionismus. ☐
... sammelt ungewöhnliche Dinge und eignet sich über sie ungewöhnliches Spezialwissen an. ☐
... ist für „schöne" Dinge (Musik, Farben) besonders empfänglich. ☐
... zeigt eine besondere Ausdruckskraft bei kreativen Beschäftigungen wie Malen, Modellieren, Rollenspiel, Tanzen. ☐
... kann schon früh rechts und links unterscheiden. ☐
... kennt und benennt geometrische Formen. ☐
... stellt schon früh von sich aus Vergleiche wie größer – kleiner, länger – kürzer, höher – niedriger an. ☐
... hat ein gutes Ortsgedächtnis und einen sicheren Orientierungssinn. ☐
... zählt über zehn oder zwanzig hinaus. ☐
... löst einfache Rechenaufgaben. ☐
... neigt dazu, sich bei Gleichaltrigen mit seinen speziellen Interessen durchzusetzen. ☐
... wendet sich an ältere Kinder und an Erwachsene, mit denen es sich verständig auseinandersetzt. ☐

Fragebogen für Lehrer

Das Kind ...

... ist an der Schule interessiert und hat ein breites Spektrum allgemeinen Wissens. ☐
... nimmt Sachinformationen schnell auf und kann sie leicht wiedergeben. ☐
... hat ein hohes Lern- und Arbeitstempo und zeigt Freude bei intellektuellen Aktivitäten. ☐

... ist in seinen Arbeiten unabhängig, bevorzugt individuelles Arbeiten, hat Selbstvertrauen und benötigt viel Freiraum für seine Aktionen und Bewegungen. ☐
... ist in seinem allgemeinen Wissen, seinen Fertigkeiten und seiner allgemeinen Entwicklung gleichaltrigen Kindern in der Klasse entschieden voraus. ☐
... zeigt deutliche Führungsqualitäten und vermag andere anzuleiten. ☐
... hat viele Hobbies, eine Vielfalt von Interessen und ist vielseitig und virtuos. ☐
... kann abstrakt denken und Probleme erkennen, analysierend beschreiben und Lösungswege aufzeigen. ☐
... denkt schöpferisch und erfinderisch; liebt es, ungewöhnliche Wege einzuschlagen und neue Ideen vorzulegen. ☐
... ist sensibel und künstlerisch. ☐
... ist energisch, wach, eifrig und liebt es, eigene Ideen, Lösungen usw. auszuprobieren. ☐
... zeigt gute Fertigkeiten in einer oder mehreren künstlerischen Aktivitäten wie Musik, Zeichnen, Rollenspiel etc. ☐
... hat einen großen Wortschatz, kann sich leicht und in gewählter Form artikulieren und ausdrucksvoll lesen. ☐
... liest aus eigenem Antrieb sehr viel und bevorzugt Bücher für Erwachsene, ohne sich durch deren Schwierigkeitsgrad von der Lektüre abhalten zu lassen. ☐
... kann sich auf eine fesselnde Aufgabe in ungewöhnter Weise konzentrieren, die alles andere in der Umgebung ausschließt, und hat dabei eine außerordentliche Spannweite der Aufmerksamkeit. ☐
... brilliert bei mathematischen Aufgaben. ☐
... erfaßt zugrunde liegende Prinzipien eines Problems in der Regel schnell und kommt schon bald zu gültigen Verallgemeinerungen. ☐
... denkt und arbeitet systematisch; findet Gefallen an Strukturen und Ordnungen wie z. B. in Wortsystemen, Zahlensystemen etc. ☐
... geht auf Fragen wertend ein. ☐
... ist in seinem Denken flexibel. ☐
... ist interessiert an technischen Gegenständen und zeigt z. B. ungewöhnliche Fertigkeiten in Konstruktionsspielen. ☐
... zeigt in sportlichen Spielen gute motorische Koordination. ☐
... wird von bestimmten Gegenständen völlig gefangengenommen, versucht, sie zu verstehen, begründet sie und sucht nach logischen Lösungen und „Common-Sense"-Antworten. ☐
... ist kritisch und perfektionistisch. ☐
... kann sich verständig über ein breites Spektrum von Wissensgegenständen äußern. ☐

Aufgrund dieser Fragen lassen sich bereits frühzeitig sowohl von den Eltern als auch den Lehrern die einzelnen Schwerpunkt-Fähigkeiten feststellen – mit anderen Worten die ‚einzelnen Intelligenzen'!

Der Glaube, daß Begabte sich so oder so gegen ihre Umwelt durchsetzen, ist keineswegs haltbar – denn meist hinkt die emotionale Seite dieser Begabten hinterher, das heißt, ihr Verstand eilt dem Gefühl voraus, so daß gerade *sie* auf Wärme Geborgenheit und Verstehen angewiesen sind! Ihre große Sensibilität macht sie verletzbarer als andere, Dümmere! „Die Frage, ob Dummheit nicht glücklicher mache als hohe Intelligenz, entbehrt nicht philosophischer Delikatesse. ‚Dummheit und Arbeit haben, das ist das Glück', formulierte einst Gottfried Benn. Woraus zu folgern wäre, daß Intelligenz und Nichtstun dem Unglück gleichzusetzen sind. Dem ahnungslosen Simplizissimus, dessen seelischer und geistiger Haushalt kärglich, aber mit allem für seine geringen Ansprüche Notwendigen ausgestattet ist, kommen Zweifel an sich selbst und seiner Intelligenz selten oder nie. Bekanntlich fühlen sich die wenigsten Menschen in puncto Intelligenz und Geschmack zu kurz gekommen. Nur eine Minderheit zweifelt und paradoxerweise gerade die, die am wenigsten Grund dazu hätten."

Dieses Zitat von Toni Meissner ist so schön, daß ich es unbedingt hier verwenden mußte!

Soziale Schwierigkeiten mit der Umwelt haben Wunderkinder eo ipso – wie einige Beispiele zeigen (aus ‚Wunderkinder' von Toni Meissner):

Leslie Harrington aus Halstenbeck konnte bereits mit einem Jahr vollständig sprechen! Mit zwei Jahren verwickelte sie ihre Mutter in eine Diskussion und trieb diese mit ihrer Fragerei geradezu zur Verzweiflung. Da das Kind nur vier ganze Stunden in der Nacht schlief, blieb genügend und ausreichend Zeit hierzu – in kurzer Zeit verlor die Mutter 20 Pfund an Gewicht und wollte durch eine Schlafkur sich der lästigen Fragerei entziehen! – In der Schule war die fünfjährige Leslie die Frechste und Unangepaßteste.

Der heute etwa 25jährige Amerikaner Christopher Knowles komponierte bereits als Kleinkind auf der Schreibmaschine komplizierte Wort- und Buchstabenspiele – die auf den ersten Blick völlig sinnlos schienen, auf den zweiten Blick jedoch eine erstaunliche innere Logik (!!) aufwiesen. Zwar geistig behindert, konnte der kleine Christopher jedoch in Sekundenschnelle gewisse Wochentage ausrechnen, beispielsweise wann der 25. September 1955 war, oder welchen Wochentag den 15. Februar 1907 aufgewiesen hat.

Berühmt wurde Knowles mit 13 Jahren, als er den Großteil der Texte für „Einstein am Strand", aufgeführt von Robert Wilson in Hamburg 1976, schrieb. Dieses völlig neuartig inszenierte Theaterstück erfreut sich heute noch großer Beliebtheit.

Mariko Wesley, Tochter einer Japanerin und eines Amerikaners, kam 1971 in Kalifornien auf die Welt. Die Familie lebte in ärmlichen Verhältnissen und zog in einem Wohnwagen durchs Land. Mit einem halben Jahr begann Mariko zu malen – „eines Abends griff sie nach dem Federhalter", erzählte die Mutter einem Reporter, „und kritzelte lachend auf dem Papier, das ich ihr hinschob. Aber ihre Kritzeleien nahmen bald höchst unterschiedliche Formen an. Einige Abende später gab ich ihr deshalb ein Set Farbstifte, die sie begeisterten und anregten. Trotzdem dauerte es noch seine Zeit, bis sie die einzelnen Farben unterscheiden konnte. Ein wenig später lernte sie dann Acrylfarben mischen ..."

In der Malerei dann etwas geübter, orientierte sich Mariko vor allem an Picasso und Miró, die es ihr besonders angetan hatten! Ebenso die Impressionisten, die sie auf Anhieb – im Vorübergehen in Schaufenstern und Galerien – aufgrund deren Malweise einzuordnen wußte.

Von sich selbst sagte sie: „Alle diese Ideen sind in meinem Kopf. Sie kommen dann aus meiner Hand heraus, wenn sie wie ein Flugzeug über die Leinwand fliegt. Titel der Bilder: „Fisch-Dinger im Meer", „Mariko kauft Früchte und Blumen" „Sonnenblumen" u. a.

Bekannt ist auch Minou Drouet aus Paris, die bereits mit sechs Jahren erstaunliche Gedichte schrieb.

Als zwölfjährige wurde Minou mit Chansons bekannt – aber dann hörte sie auf zu dichten, nachdem sie mit 18 Jahren einen nicht sehr erfolgreichen Roman veröffentlicht hatte.

Wunderkinder müssen nicht ihr ganzes Leben ‚Wunder vollbringen' – Kreativität läßt sich nicht befehlen!

Anlage und Umwelt – das bekannte ‚Hühnchen-Ei-Problem' wirft die Frage auf: Was sind die exakten Gründe, daß Wunderkinder so sind, wie sie sind?

Hierzu *Carsten Bresch* (bekannter Genetiker der Universität Freiburg) – zitiert aus ‚Wunderkinder':

„Wenn man fragen würde, worauf die Leistung eines Automotors beruht, könnte man sagen, sie liegt natürlich in der Motorkonstruktion, mithin in der Vererbung. Auf der anderen Seite hängt die Leistung aber auch vom Benzin ab, das den Motor antreibt, wobei es entscheidend wichtig ist, für den gegebenen Motor das passende Benzin zu finden. Wenn ich verschiedene Motoren mit dem gleichen Benzin fahre, kann ich sagen, dieser Motor ist besser als der andere. Wenn ich den gleichen Motor mit verschiedenen Benzinarten fahre, würde sich herausstellen, daß das eine Benzin besser ist als das andere. Insofern ist also die Aufteilung, wieviel von einer Leistung dem Motor und wieviel dem Benzin zu verdanken ist, eine falsche Frage. Es muß das passende Benzin zum guten Motor kommen. Erst in der Wechselwirkung von Erbgut auf der einen, Umwelt auf der anderen Seite entsteht Intelligenz." Dies ist eine klare Aussage – und auch heutige Lehrmeinung! Die Frage allerdings nach der unterschiedlich angeborenen Intelligenz und der Leistungssteigerung durch Erziehung und Training wird noch diskutiert!

Die Ergebnisse der *Zwillingsforschung* fallen hierbei erheblich ins Gewicht. Die Intelligenz zweier Menschen korreliert nicht unbeträchtlich, und zwar (aus ‚Wunderkinder'):

- Eineiige Zwillinge   ca. 0,87
- Zweieiige Zwillinge   0,56
- Geschwisterpaare   0,41
- Mutter – Kind   0,41
- Vater – Kind   0,45
- Adoptivmutter – Kind   0,17
- Adoptivvater – Kind   0,17

Die Anthropologen *Spuhler* und *Lindzey* untersuchten die Intelligenz von zusammen aufgezogenen und getrennt aufgewachsenen Zwillingen und kamen zu dem Ergebnis, daß erstere (eineiige) zu 90 Prozent übereinstimmten, die letzteren (ebenfalls eineiig) nur zu 75 Prozent. Demnach kann man den Schluß ziehen, daß das ‚Milieu' hier 15 Prozent ausmacht!

Bei zweieiigen Zwillingen entsprechen die Werte 0,6 beziehungsweise 0,23.

„Auf eine knappe Formel gebracht, heißt das: Zusammen aufwachsende Zwillinge, Geschwister, aber auch lange zusammenlebende Partner korrelieren sehr viel stärker als getrennt aufwachsende Kinder oder sonstige getrennt lebende Verwandte. Die Einflüsse des Milieus auf die Intelligenz sind also nicht wegzudiskutieren. Das läßt sich aus der Tatsache schließen, daß selbst eineiige, zusammen aufgewachsene Zwillinge niemals die gleiche Intelligenzhöhe haben. Denn schließlich stimmt auch die Lebensgeschichte von eineiigen Zwillingen niemals ganz überein, sei es, daß sie unterschiedliche Freundeskreise, andere Interessen haben oder auch Krankheiten durchmachen mußten. Schließlich spielen auch Faktoren wie Strebsamkeit oder Willenskraft eine Rolle: Jener Zwilling, der intensiver und ausdauernder lernt, erreicht schließlich einen höheren Intelligenzquotienten" (Wunderkinder).

Ehrgeiz als Vehikel – wir Deutschen kennen dies nur zu gut, und eine kürzlich gestartete Umfrage des Instituts für Demoskopie Allensbach bestätigt dies auch: Intelligenz allein sehen die Deutschen nicht als entscheidende Bedingung für

Erfolg im Beruf, Durchsetzungsvermögen und Ehrgeiz sind die entscheidenden Faktoren! Interessanterweise genießen intelligente Frauen mittlerweile größeres Ansehen als intelligente Männer, allerdings müssen erstere mit dem Vorurteil ‚arrogant' und ‚menschlich kalt' leben, das ihnen zugeschrieben wird.

Ein weiteres Ergebnis der *Intelligenzforschung* ist hochinteressant:

Die Intelligenz der Kinder ist gewissermaßen an die Intelligenz der Eltern gebunden!

Und zwar zum sogenannten Mittelwert tendierend (Korrelationskoeffizient von 0,7). Mit anderen Worten, der Koeffizient wäre beispielsweise 1, wenn sich die elterliche Intelligenz zu 100 Prozent vererben würde. So haben aber hochintelligente Eltern meist weniger intelligente Kinder – und umgekehrt. Bei Wunderkindern trifft dies in verstärktem Maße zu: sie haben einen sehr viel höheren IQ als ihre Eltern, die meist auch schon intelligent sind, und zwar überdurchschnittlich.

Wunderkinder sind genetische Ausreißer – oder Volltreffer!

Wie wir in den früheren Ausführungen gesehen haben, ist derjenige, der sowohl links- als auch rechtshemisphärisch denken kann – und zwar gleichzeitig – anderen weit überlegen. Der Informationsfluß, die Gedankenströme, das Zusammenspiel der fluiden Intelligenzen ist ausschlaggebend. Meissner betitelt dies mit sogenannten Synapsen, Schaltzellen im Gehirn, die in frühester Jugend durch die Umwelt beeinflußt werden können.

„Synapsen bilden sich allgemein und in der großen Masse erst durch zunehmend kompliziertes Denken, also während der frühkindlichen Erziehung. Sind aber schon zu einem sehr frühen Zeitpunkt relativ viele Synapsen vorhanden, manifestiert sich schon früh eine Begabung. Obwohl diese Zusammenhänge noch nicht ausreichend erforscht sind, scheint doch eines festzustehen: wie zum Beispiel das Knochengerüst von Beginn an genetisch festgelegt ist, sind es offenbar auch die Gehirnzellen und gewisse Verschaltungen zwischen ihnen. Diese angeborenen Gehirnschaltungen sind nicht allzu kompliziert. Vor allem sind nicht viele einzelne Synapsen vorgeprägt, sondern nur bestimmte Synapsen-Gruppen. Das läßt sich zuverlässig aus der ungeheuren Menge der später entstandenen Verbindungen schließen; sie sind so zahlreich, daß sie im Erbgut gar nicht gespeichert sein könnten." (Wunderkinder)

Hiermit sind wir bei der Frage der speziellen Förderung bzw. des speziellen Trainings angelangt.

2.2 Hochbegabtenförderung/Training

Intelligenz ist Voraussetzung für das ‚bessere Denken' – dies steht fest – und Intelligenz ist genetisch festgelegt, aber in welchem Ausmaße es dann in den einzelnen Lebensphasen zutage tritt, ist eine andere Frage.

Der Gehirnphysiologe *Prof. Dr. Johann Kugler* (München) drückt dies ganz klar aus (Wunderkinder):

„Als wesentliche Voraussetzung zum Denken und zur Intelligenz gibt es gewisse angeborene Verbindungsmöglichkeiten der Zellen im Gehirn, die konstitutionell bereits geprägt sind, also etwas mit gewissen ererbten Zuständen zu tun haben. Das heißt, daß bestimmte Gruppen von Gehirnzellen die Möglichkeit haben, von diesen bereits konstitutionell angelegten Bahnen Gebrauch zu machen. Darüber hinaus muß aber im Lauf des Lebens und der Reifung des Gehirns nach der Geburt bis zum Abschluß der Kindheit durch ständiges Üben die Zahl der ausnützbaren Verbindungen möglichst erweitert werden. Das ist der Vorgang des Lernens, bei dem durch Training auch die anatomischen Voraussetzungen verbessert werden können. Es läßt sich heute wissenschaftlich nachweisen, daß die Zahl der vorhandenen Verbindungen, der sogenannten Synapsen, an den einzelnen Zellen bei jedem Training zu-, bei Trainingsmangel aber abnimmt. Es sind also von Anfang an gewisse Verbindungsmöglichkeiten vorgeprägt; sie müssen im Laufe des Lebens durch Training und Lernen ständig verbessert werden."

Aber es muß noch eine weitere Fähigkeit, besser mehrere Fähigkeiten, hinzukommen:

„Es muß sich also die Fähigkeit, aus dem Gedächtnis Wahrgenommenes abzurufen, mit dem Drang, Aktivität zu entfalten, koppeln. Weil aber eine bestimmte Leistungskapazität nicht überschritten werden kann, mag es auf anderen Gebieten, für die kein spezielles Interesse besteht, zu einem Zurückdrängen der Leistungsfähigkeit oder sogar zu gewissen Ausfällen kommen."

Dies erklärt die oft einseitige Ausrichtung Hochbegabter auf ein ganz spezielles Gebiet!

Fassen wir zusammen, so kommt zu den exzellenten ‚Schaltvorgängen' im Gehirn hinzu:

- überdurchschnittliche angeborene Fähigkeiten (spezielle Wahrnehmung, Beobachtungsgabe)
- überdurchschnittliche Motivation zur Aufgabenerfüllung
- Kreativität

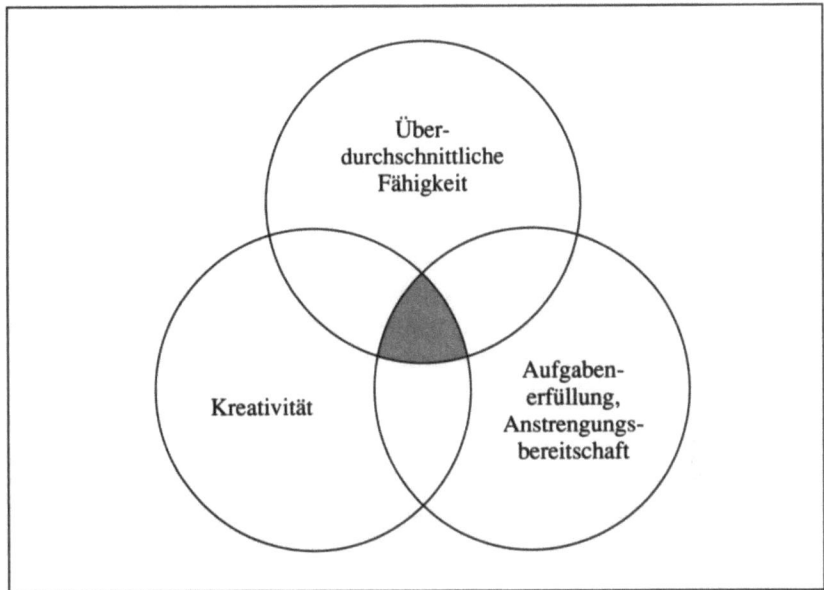

Quelle: Joseph Renzulli, Wunderkinder, S. 22

Abbildung 15: Das Potential für Hochbegabung

Das schraffierte Feld, das das Potential für Hochbegabung bedeutet, kann zur Genialität hinwachsen, wenn die Voraussetzungen, wie im Kapitel ‚Der geniale Mensch' dargestellt, gegeben sind.

Der bekannte Psychologe *Heinz Heckhausen* (Motivationsforschung, siehe Marie-Louise Neubeiser, Management-Coaching) führt in einer Schrift („Förderung der Lernmotivierung und der intellektuellen Tüchtigkeiten", in: Deutscher Bildungsrat, Gutachten und Studien der Bildungskommission, Ernst Klett Verlag Stuttgart, 11. Auflage 1977) detailliert aus, *wie die Begabungen frühzeitig durch Elternhaus und Schule gefördert werden können.*

„Entscheidenden Voraussagewert für den Anregungsgehalt der Umwelt haben dabei die folgenden Variablen des Elternhauses: frühes Drängen der Mutter auf Selbständigkeit und Tüchtigkeit; Ermunterung des Kindes, Fragen zu stellen und seine Umgebung zu erforschen; Geordnetheit von Zeit und Raum im Elternhaus für Spielen, Essen und Arbeiten; gepflegtes Sprachmilieu und frühes Bestehen auf richtigem Sprechen; Hilfe bei den Schularbeiten, wenn nötig; intellektuelle Atmosphäre im Elternhaus."

150 Das Gesetz der inneren Logik

Dies trifft bereits ab dem dritten bis zum achten Lebensjahr zu! „Die Umweltanregung in diesem Lebensaltersabschnitt hat entscheidende Folgen für die Höhe des später beim Eintritt ins Erwachsenenalter erreichten intellektuellen Entwicklungsniveaus. Anders ausgedrückt: Um in späteren Lebensjahren den künftigen Entwicklungsstand noch entscheidend zu beeinflussen, bedarf es zunehmend ganz außergewöhnlich einflußkräftiger Sonderumwelten."

Dies überrascht, denn nach landläufiger Meinung gibt man sich ein ganzes Leben Zeit für verbessertes Denken – und nur zu oft bleibt es hierbei nur beim guten Vorsatz! Heckhausen will dies allerdings auf schulische Leistung begrenzt wissen und unter der Voraussetzung, daß der ‚intellektuelle Input' auch nach dem achten Lebensjahr seitens des Schulunterrichts nicht abbricht (in diesem angenommenem Fall würde auch die gesamte geistige Entwicklung des Kindes aufhören!).

Untersuchungen haben ergeben, daß der frühzeitig erworbene Entwicklungsvorsprung einen permanenten Startvorsprung sichert – alles wird leichter und spielerischer bewältigt, was sich gerade bei den ‚standardisierten Lehrplänen' der Schule nachhaltig zeigt.

Nach Heckhausen bildet sich die Leistungsmotivation – und zwar für ein ganzes Leben – zwischen dem dritten und sechsten Lebensjahr, und zwar durch die Einflüsse im Elternhaus. „So steigt der Intelligenzquotient bei Kindern mit hoher Leistungsmotivation und (zugleich) intrinsischer Lernmotivierung zwischen viereinhalb und fünfzehn Jahren deutlich an. Bei Niedrigmotivierten bleibt der Intelligenzquotient gleich oder fällt ab."

Bereits mit viereinhalb Jahren können Kinder Erfolg und Mißerfolg ihrer eigenen Bemühungen geistig erfassen. Wird durch selbstbewußtes und selbständiges Erziehen seitens der Mutter dieses Bewußtsein in der richtigen Weise gefördert (Mißerfolge nicht überbewertet, Erfolge entsprechend belohnt und beachtet), gewinnt das Kind an Selbstvertrauen. Auch das Vorbild im Elternhaus tut sein übriges, ferner wecken hohe Leistungsanforderungen *beider* Eltern eine entsprechende Leistungsmotivation beim Kind.

Heckhausen: „Bis zum gegenwärtigen Einschulungsalter hat sich die Leistungsmotivation des Kindes bereits verfestigt. Längsschnittstudien zeigen eine erstaunliche Stabilität der Leistungsmotivation bis hin zum Jugendlichen und Erwachsenen. Im wesentlichen haben wir es dabei mit einem Resultat der elterlichen Erziehung und des häuslichen Anregungsmilieus zu tun."

Hiermit ist es auch ganz klar verständlich, daß es immer sozialbedingte Unterschiede geben wird – eine klassenlose Gesellschaft ist eine Vision!

Folgende Forderungen zur intellektuellen Förderung werden von Heckhausen daher aufgestellt:

- Eine entsprechende Vorschule als Anregungssituation für Kinder von drei bis fünf Jahren (speziell für die Eltern, die aufgrund ihres Bildungsstandes diese ‚Anregungen' schwer vermitteln können)
- Die Einschulung um ein Jahr vorzuverlegen (von sechs auf fünf Jahre), um dieses Jahr voll nutzen zu können – und zwar kindgerecht spielerisch!

Vier Forderungen an das Schulsystem:

- Der Schüler sollte zum Lernen des Lernens wegen motiviert werden
- Der Schüler sollte auf möglichst hohes Niveau seiner intellektuellen Fähigkeiten gebracht werden
- Die Pluralität der Gesamtgesellschaft möglichst in gemeinsamen Schulen darzustellen und erfahrbar zu machen
- Chancenungleichheiten der Schüler beachten und entsprechend ausgleichen.

Eine überarbeitete Fassung eines *Forschungsberichtes im Auftrag des Bundesministers für Bildung und Wissenschaft* aus dem Jahr 1987 zeitigt folgende Ergebnisse:

Ziel ist es heute – im Gegensatz zu den zwei letzten Jahrzehnten, wo der traditionelle psychometrische Ansatz (kognitive Psychologie) im Mittelpunkt stand –, eine Analyse des menschlichen Denkens zu erstellen. Wer und was ist für Denkprozesse jeglicher Ebenen verantwortlich zu machen? Wie sind die wirklichen Zusammenhänge zwischen hoher Begabung, Wissenserwerb und hoher, überragender Leistungen?

Die Autoren dieses Berichts ‚Intelligenz und Denken – Perspektiven der Hochbegabungsforschung' (Dr. C. J. Hogrefe Verlag, Göttingen, 1990) *Prof. Dr. F. E. Weinert* (Direktor am Max-Planck-Institut für psychologische Forschung in München) und Dr. *M. R. Waldmann* (Psychologischer wissenschaftlicher Mitarbeiter an der Universität Frankfurt) ziehen aus geschilderten Prozeßanalysen und sonstigen Forschungsarbeiten den Schluß, „daß die Grundlagenforschung auf dem Gebiet der differentiellen Denkpsychologie und der Begabungstheorie noch nicht annähernd jenen Erkenntnisstand erreicht hat, der eine unmittelbare Anwendung des Wissens bei der Konstruktion diagnostischer Verfahren und bei der wissenschaftlichen Fundierung pädagogischer Förderungsmaßnahmen macht."

Daher schlagen sie im Augenblick *drei sehr verschiedene wissenschaftliche Strategien* vor, die gleichzeitig realisiert werden müssen:

- Die Grundlagenforschung in bezug zur differentiellen Denkpsychologie und der davon abhängigen entwicklungsorientierten Begabungstheorie zu intensivieren;
- Die immer schon kognitiv orientierten Untersuchungen weiter voranzutreiben;
- Die Förderung von Hochbegabten so zu realisieren, daß diese wissenschaftlich gesichert ist und ungesicherte, unsolide Forschungsergebnisse in dieser Richtung unberücksichtigt bleiben, ferner, daß reflektierte und gewertete Alltagserfahrungen mit hinzugenommen werden.

Die Autoren sprechen von „einer pragmatischen Hochbegabtenförderung auf ungesicherter wissenschaftlicher Grundlage". Denn einerseits werden Konzeptionen zur Selbstverwirklichung hochbegabter Kinder durchgeführt, ohne daß diese Konzeptionen wissenschaftlich fundiert sind, andererseits werden bestimmte Kompetenzen gezielt gefördert, wie die mathematisch-logische Fähigkeit, Schachspieler, Hochleistungssportler und andere.

Sie dagegen fordern *Programme,* die ein Maximum beinhalten an:

- Offenheit
- personeller Breite (durchlässig durch alle Altersstufen)
- Vielfalt (unterschiedlichste Begabungen und verschiedenste Interessensrichtungen)
- Angeboten in bezug auf Verfügbarkeit und Zugänglichkeit von Lernmaterialien unterschiedlichsten Inhalts, Arbeitsgemeinschaften, Kursen, Sommerakademien, die den größtmöglichsten Input an Wissen und Informationen vermitteln.
- Anforderungen, die entsprechend der Hochbegabung sind, so daß eine Herausforderung besteht
- Anreizen, das heißt Angebote, die motivierend für Erfolg und persönliche Anerkennung sind
- Beratung für Eltern hochbegabter Kinder und Heranwachsende selbst in jeglicher intellektueller in informativer Richtung

Nach diesen Ausführungen werden wir uns der ungeheuren Verantwortung für das Individuum in einer strukturierten Gesellschaft bewußt. Wie gehen wir mit den uns anvertrauten Potentialen um? Wie nutzen wir sie während unserer gesamten Lebenszeit? Für uns selbst und andere? Wer setzt uns Maßstäbe? Wohin wollen wir uns entwickeln, wir und unsere Kinder, unsere Mitarbeiter und die uns Anvertrauten?

Ein jeder von uns muß sich diesen Fragen heute und morgen stellen – und sie in seinem speziellen Lebenskontext zu lösen versuchen.

Schlußbetrachtung

Wir haben uns am Beginn dieses Buches die Frage gestellt, warum wir überhaupt der ‚Logik des Genialen' nachgehen wollen, was es damit für eine Bewandtnis hat für uns selbst, unseren Berufsalltag und die Welt, in der wir leben.

Alle geführten Interviews, Recherchen und Literatur führten uns letzten Endes daraufhin zurück, daß wir alle Potentiale für bestimmte Fähigkeiten haben, die sozusagen nur ‚abgerufen werden .wollen'. Fähigkeiten, die uns zu dem machen, was wir eigentlich sind und sein wollen: freie Individuen mit freien Entscheidungen.

Wie sagte doch *Paul Watzlawick*: „Wer einsieht, daß er seine Wirklichkeit selbst konstruiert, der ist wirklich frei. Er weiß, daß er seine Wirklichkeit jederzeit ändern kann. Und er ist konzilianter als andere, weil er weiß, daß er die Wirklichkeiten der anderen respektieren muß. Und schließlich ist ein solcher Mensch im besten ethischen Sinne verantwortlich. Denn er kann sein Handeln nicht mit dem Hinweis auf Sachzwänge oder das Handeln anderer rechtfertigen." (Zitat auf S. 68 dieses Buches)

Diese Art von Freiheit kann auch Fehler mit einschließen. *Tom Peters, der* Management-Guru in USA schlechthin, sagt: „Ich befürchte, wir vergessen allzu oft, daß die Freiheit zu scheitern und einen erneuten Versuch unternehmen zu können, den Kern der Entlassung in die Freiheit bildet, in Amerika genauso wie überall auf der Welt." (Jenseits der Hierarchien, Liberation Management, Econ Verlag 1992)

Dies klingt mehr als beruhigend, denn immer noch wird, speziell in Deutschland, Mißerfolgen mehr Bedeutung zugemessen als notwendig.

Andererseits ist da noch die Intelligenz, die sich in speziellen Begabungsstrukturen zeigt (fluide Intelligenzen), und die von frühester Jugend an gefördert werden sollte. Wir haben gesehen, daß allen Intelligenzen eine ihnen eigene Logik zugrunde liegt, die ‚die innere Sicht der Dinge' ermöglicht – und zwar interdisziplinär!

Und dieselbe innere Logik finden wir bei genialen Menschen, die einerseits ihrer schöpferischen, kreativen Begabung – andererseits ihrem Intellekt folgen.

Warum also angstvoll in die Zukunft blicken? Wir haben alles in Händen, was wir brauchen, um ein einsichtiges, effektives Management zu betreiben. Und zwar auf dem kürzesten Weg, in der richtigen Richtung, mit Innovation und in sich schlüssigen, kreativen Lösungen.

Crans-Montana, im März 1993   *Marie-Louise Neubeiser*

Literaturverzeichnis

Bücher

BUCKY, PETER A.: Der private Albert Einstein, Econ Verlag, Düsseldorf, Wien, New York, 1990
BUZAN, TONY: Kopftraining, Goldmann Verlag, München, 1984
DE BONO, EDWARD: In 15 Tagen Denken lernen, Heyne Verlag, München, 1990
DE BONO, EDWARD: Chancen, Econ Verlag, Düsseldorf, Wien, New York, 1989
CAPRA, FRITJOF: Wendezeit, Scherz Verlag, Bern, München, Wien, 1990
DÖRNER, DIETRICH: Die Logik des Mißlingens, Rowohlt Verlag, Reinbek bei Hamburg, 1989
DRUCKER, PETER, F.: Die Zukunft Managen, Econ Verlag, Düsseldorf, Wien, New York, Moskau, 1992
FENSTERHEIM, HERBERT UND BAER, JEAN: Sag' nicht Ja, wenn Du Nein sagen willst, Goldmann Verlag, 1977
GARDNER, HOWARD: Dem Denken auf der Spur, Klett-Cotta Verlag, Stuttgart, 1992
GARDNER, HOWARD: Abschied vom IQ, Klett-Cotta Verlag, Stuttgart, 1991
GEBHARDT, EIKE: Abschied von der Autorität, Gabler Verlag, Wiesbaden, 1991
GUNTERN, GOTTLIEB: Der kreative Weg, verlag moderne industrie, Zürich, 1991
HECKHAUSEN, HEINZ: Förderung der Lernmotivierung und der intellektuellen Tüchtigkeiten, in: Deutscher Bildungsrat, Gutachten und Studien der Bildungskommission, Band 4, Klett-Verlag, Stuttgart, 1977
HOFSTADTER, DOUGLAS R.: Gödel Escher Bach, Klett-Cotta, Stuttgart, 1991
KIRCKHOFF, MOGENS: Mind Mapping, Synchron Verlag, Berlin, 1988
KRAUSE-BURGER, SIBYLLE: Die andere Elite, Econ Verlag, Düsseldorf, Wien, New York, 1989
LANGE-EICHBAUM, WILHELM UND KURTH, WOLFRAM: Genie, Irrsinn und Ruhm,
Band 1: Die Lehre vom Genie, 7. Auflage 1986
Band 2: Die Komponisten, 7. Auflage 1986
Band 3: Die Maler und Bildhauer, 7. Auflage 1986
Band 4: Die Dichter und Schriftsteller, 7. Auflage 1987
Band 5: Die Dichter und Schriftsteller, 7. Auflage 1987
Band 6: Die religiösen Führer, 7. Auflage 1989
Band 7: Die Philosophen und Denker, 7. Auflage 1989
Band 8: Die Politiker und Feldherren, 7. Auflage 1990
Band 9: Die Wissenschaftler und Forscher, 7. Auflage 1990
LAUSTER, PETER: Der Begabungstest, Econ Verlag, Düsseldorf, Wien, New York, 1990
LAY, RUPERT: Über die Kultur des Unternehmens, Econ Verlag, Düsseldorf, Wien, New York, Moskau, 1992
MANN, RUDOLF: Der ganzheitliche Mensch, Econ Verlag, Düsseldorf, Wien, New York, 1991
MARQUEZ, GABRIEL GARCIA: Hundert Jahre Einsamkeit, dtv, München, 1991
MAUCHER, HELMUT: Marketing ist Chefsache, Econ Verlag, Düsseldorf, Wien, New York, Moskau, 1992

MEISSNER, TONI: Wunderkinder, Ullstein Verlag, Frankfurt, Berlin, 1991
MENZ, ADRIAN, P.: Menschen führen Menschen, Gabler Verlag, Wiesbaden, 1989
MINTZBERG, HENRY: Mintzberg über Management, Gabler Verlag, Wiesbaden, 1992
MOIR, ANNE UND JESSEL, DAVID: Brainsex, Econ Verlag, Düsseldorf, Wien, New York, 1990
MULFORD, PRENTICE: Unfug des Lebens und des Sterbens, Fischer Verlag, Frankfurt, 1987
NADOLNY, STEN: Die Entdeckung der Langsamkeit, Piper Verlag, München, Zürich, 1991
NEUBEISER, MARIE-LOUISE: Management-Coaching, Orell Füssli Verlag, Zürich, Wiesbaden, 1990
NEUBEISER, MARIE-LOUISE: Führung und Magie, Orell Füssli Verlag, Zürich, Köln, 1992
PETERS, TOM: Jenseits der Hierarchien, Liberation Management, Econ Verlag, Düsseldorf, 1992
POPPER, KARL, R.: Die Zukunft ist offen, Piper Verlag, München, Zürich, 1990
PROBST, GILBERT J. B. UND GOMEZ, PETER: Vernetztes Denken, Gabler Verlag, Wiesbaden, 1989
SCHUPPERT, DANA, U. A. (Hrsg.): Langsamkeit entdecken, Turbulenzen meistern, Gabler Verlag, Wiesbaden, 1992
SPANGER, EDUARD: Daseinsgestaltung, Piper Verlag, München, 1954
SPENGLER, TILMAN: Lenins Hirn, Rowohlt Verlag, Reinbek bei Hamburg, 1991
ULRICH, HANS UND PROBST, GILBERT J. B.: Anleitung zum ganzheitlichen Denken und Handeln, Haupt Verlag, Bern, Stuttgart, 1991
WALDMANN, MICHAEL UND WEINERT, FRANZ E.: Intelligenz und Denken, Dr. C. J. Hogrefe Verlag, Göttingen, Toronto, Zürich, 1990
WATZLAWICK, PAUL: Wie wirklich ist die Wirklichkeit? Piper Verlag, München, Zürich, 1976
WATZLAWICK, PAUL: Die erfundene Wirklichkeit, Piper Verlag, München, Zürich, 1991
WEISBERG, ROBERT W.: Kreativität und Begabung, Spektrum Verlag, Heidelberg, 1990
WESTPHAL, KURT: Genie und Talent in der Musik, bosse musik paperback, Regensburg, 1977
VESTER, FREDERIC: Neuland des Denkens, dtv, München, 1984

Laufende Publikationen

GDI IMPULS – eine Publikation des Gottlieb Duttweiler Instituts für Entscheidungsträger in Wirtschaft und Gesellschaft, Rüschlikon, 1990, 1991 und 1992
GABLERS MAGAZIN, Gabler Verlag, Wiesbaden, 1990, 1991 und 1992
HARVARD BUSINESS REVIEW, Harvard Business School Publishing, Boston, 1990, 1991 und 1992
HARVARD MANAGER, Sonderreihe Führung
HIGH TECH, Trends, Märkte, Management, MP Management-Presse Verlag, München, 1990, 1991 und 1992

INTERNATIONAL BUSINESS WEEK, McGraw-Hill, Maidenhead, Berkshire, UK, 1990, 1991 und 1992
MANAGEMENT WISSEN, MP Management-Presse Verlag, München, 1990, 1991 und 1992
PR MAGAZIN FÜR FÜHRUNGSKRÄFTE in der Kommunikationsbranche, Rommerskirchen Verlag, Remagen, 1990, 1991 und 1992
WIRTSCHAFTSWOCHE, Gesellschaft für Wirtschaftspublizistik, GWPmbH Düsseldorf, 1990, 1991 und 1992

Einmalige Dokumentationen (Kongresse, Foren etc.)

LANGSAMKEIT ENTDECKEN, TURBULENZEN MEISTERN, Wie Sie sich für turbulente und dynamische Zeiten rüsten können. Edition Gablers Magazin, Wiesbaden, 1992
MANAGEMENT DER HOCHLEISTUNGSORGANISATION, Das Forum für das Top-Management. Gabler Forum, Wiesbaden, April 1992
UNTERNEHMENSERFOLGE AUF DEM WEG INS 21. JAHRHUNDERT, Ein Kaleidoskop neuer Ideen und Visionen. Gottlieb Duttweiler Institut, Rüschlikon-Zürich, 1991
INNOVATIONS- UND TECHNOLOGIEMANAGEMENT, Spitzenleistungen für morgen sichern. IFUA Unternehmensberatung, Universität Stuttgart, Strategiegespräch 1991, November 1991
ZUKUNFTSTAG 1992, Düsseldorf Mai 1992, veranstaltet vom Econ Verlag, Düsseldorf

Zeitschriftenaufsätze in:

DER SPIEGEL
Nr. 7/1992: Rätsel fürs Auge
Nr. 19/1992: Ritt auf dem Karussell
GDI IMPULS
Nr. 3/1991: Kreative Spitzenleistungen (Gerald Nadler und Shozo Hibino)
HARVARD BUSINESS REVIEW
Juli–August 1992: Parables of Leadership (W. Chan Kim und Renée A. Mauborgne)
WIRTSCHAFTSWOCHE
Nr. 31/1992: Geheimbund der Genies (Jürgen Berke)
MANAGEMENT WISSEN
Nr. 12/1991: Die Kunst der Glaubenssache (Dieter Weber)
Nr. 7/1992: Vom Redner zum Hörer (Rainer Steppan)
STUTTGARTER ZEITUNG
vom 27. Juni 1992: Und da der Mensch halb Affe und halb Engel ist ... (Klaus Rudloff)
vom 1. Juli 1992: Der Aufklärer en famille (Hans Altenhein)

Stichwortverzeichnis

A

Achenbach, Gerd 63
Adler, Alfred 78, 128
Assoziation 49

B

Bach, Johann Sebastian 98 ff.
Bamberger, Jeanne 125
Barrett-Browning, Elizabeth 104 f.
Bildhauer 106 ff.
Bisoziation 9 f., 49 f.
Bondy, Luc 41
Bono de, Edward 64
Botta, Mario 41
Brainstorming 71
Brainstorming-Studie 73
Breakthrough-Denken 69
Bucky, Peter A. 79
Buzan, Tony 74 f., 78

D

da Vinci, Leonardo 107 f., 131
Denken, divergentes 64
Denken, konvergentes 64
Denken, laterales 64
Denker 101 ff.
Denkfallen 70
Dichter 104 ff.
Drei-Flaschen-Aufgabe 65
Dürr, Heinz 18 ff.

E

Eigenorientierung 51
Eindhoven, Jan 50
Einstein, Albert 79, 128
Elaborationsphase 51
Ertel, Henner 94

Escher, M.C. 139
Euro-Marketing 63
Everding, August 41

F

Fleiß, Ida 20 ff., 111
Foster, Jody 41
Fremdorientierung 51
Freud, Sigmund 49

G

Gardner, Howard 119, 122 f.
Gebhardt, Eike 52, 57
Gehirnhälften 74, 80 f.
Genialität 94
Genies der Geschichte 1121
Gerken, Gerd 85
Geschichte der Genialität 110
Gesetz der inneren Logik 121
García Márquez, Gabriel 52 ff.
Guilford, J.P. 63
Guntern, Gottlieb 42, 94
Gutenberg, Johannes 49

H

Hadid, Zaha M. 30 ff., 54
Hard Management 87
Hibino, Shozo 69, 78
Hochbegabtenförderung 148
Hochbegabung 138
Hofstadter, Douglas R. 138

I

Illuminationsphase 48
Inkubationsphase 47
Innovationsklima in Deutschland 59, 63

Stichwortverzeichnis

Inspirationsphase 46
Intelligenz 117 ff.
Intelligenz, körperlich-
  kinästhetische 132
Intelligenz, linguistische 120
Intelligenz, logisch-mathematische 127
Intelligenz, musikalische 123
Intelligenz, personale 134
Intelligenz-Quotient 117 f.
Intelligenz, räumliche 129
Intuition 79

J

Jessel, David 83

K

Keimphase 46
Koestler, Arthur 49
Kreativität 44
Kreativitätstheorie 42
Kreativitätstraining 63 ff.
Künstler 58

L

Leistungsniveau 117
Lichtenberg, Georg Christoph 7, 95
Linkshirndominanz 75
Loden, Marylin 84
Lombroso, Cesare 42

M

Maler 106 ff.
Maucher, Helmut 12 ff., 64, 135
Messner, Reinhold 35 ff., 85, 133
Mind-Mapping 74 ff., 76
Mintzberg, Henry 79 ff.
Moir, Anne 83
Mozart, Wolfgang Amadeus 47 f., 100 ff.
Musiker 98 ff.
Mythos des Unbewußten 49

N

Nadler, Gerald 69
Nadolny, Sten 55, 78 f.
Naturwissenschaftler 95 ff.
Neubeiser, Marie-Louise 78, 81
Neumann von, John 97

O

Olton, Robert 50
Ortega y Gasset, José 103
Osborn, Alex 71 f., 78

P

Patrick, Catherine 50
Petrarca, Francesco 105 f.
Philosophen 101 ff.
Picasso, Pablo 108 f.
Poincaré, Henri 47, 127
Präparationsphase 46

R

Rechtshirndominanz 78
Russel, Bertrand, 101 f., 127

S

Saint-Exupéry, Antoine 85
Schönberg, Arnold 124
Schriftsteller 104 ff.
Shapero, Harold 124
Soft Management 87
Sprenger, Reinhard 85
Szeemann, Harald 24 ff., 51, 55

T

Tettamenti, Tito 16
Traylor, Eleanor W. 33 f., 121

V
Verifikationsphase 51
Vinacke, Edgar 50
Vision 85 ff.

W
Waldmann, Michael 117
Wallascher Prozeß 50
Watzlawick, Paul 67, 78

Weinert, Franz E. 43, 117
Weisberg, Robert W. 43, 48, 57, 73
Wissenschaftler 58
Woolf, Virginia 132
Wunderkinder 140

Z
Zürn, Peter 56
Zwillingsforschung 146

Weitere Titel aus dem Gabler Verlag

Everett T. Suters
Auf Kurs gebracht
Drehbuch eines Turnaround in 90 Tagen
231 Seiten, Geb. DM 58,–

Verpackt in die spannende, fiktive Rettungsaktion
der Firma Enfield, vermittelt dieses Buch praxiserprobtes
Management-Know-how ohne theoretischen Ballast.

René Maury
Die japanischen Manager
Wie sie denken, wie sie handeln,
wie sie Weltmärkte erobern
280 Seiten, Geb. DM 58,–

40 Topmanager geben mit ungewöhnlicher Offenheit
Einblicke in die japanische Unternehmensführung,
Unternehmenskultur und Lebensweise.

Manfred F. R. Kets de Vries
Chef-Typen
Zwischen Charisma und Chaos, Erfolg und Versagen
204 Seiten, Geb. DM 58,–

Was unterscheidet erfolgreiche Chefs von unfähigen?
Dieses Buch zeigt die Hintergründe und Konsequenzen
bestimmter Verhaltensweisen und filtert
Erfolgsmerkmale heraus.

Stand der Angaben und Preise: 1.1.1993
Änderungen vorbehalten.

GABLER

Betriebswirtschaftlicher Verlag Dr. Th. Gabler,
Taunusstraße 54, 6200 Wiesbaden

If you have any concerns about our products,
you can contact us on
ProductSafety@springernature.com

In case Publisher is established outside the EU,
the EU authorized representative is:
**Springer Nature Customer Service Center GmbH
Europaplatz 3, 69115 Heidelberg, Germany**

Printed by Libri Plureos GmbH
in Hamburg, Germany